どうすれば協働学習がうまくいくか

失敗から学ぶピア・リーディング授業の科学

石黒圭 編著

胡方方・志賀玲子・田中啓行・布施悠子・楊秀娥 著

ココ出版

目次

1	第1章	ピア・リーディング授業の概要 何を指針に授業を組み立てるか 石黒 圭
15	第2章	テキストの選定と課題の設定 読解の課題はどのように作ればいいのか 田中啓行
49	第3章	グループの編成 グループはどんな学習者を 組み合わせるのがよいのか 志賀玲子
77	第4章	「深く・正確に読む」段階の話し合い 参加者はどのように合意を形成するのか 胡 方方
99	第5章	「批判的・創造的に読む」段階の話し合い 学習者の批判的思考は どのように活性化しているのか 楊 秀娥

127	第6章	司会役の役割
		司会役はグループ・ディスカッションに
		どこまで貢献できるのか
		胡 方方・石黒 圭

151	第7章	教師の介入
		学習者主体の授業に教師は
		どこまでどのように介入すべきなのか
		布施悠子

179	第8章	学習者の授業評価
		学習者の声によって
		どのような授業改善が可能になるのか
		布施悠子

205	第9章	ピア・リーディングの実践
		授業にあたってどんな準備と工夫が必要か
		胡 方方

233	第10章	ピア・リーディング授業の考え方
		ピア・ラーニングにおける対話とは何か
		石黒 圭

248　索引

252　編者・執筆者紹介

第1章
ピア・リーディング授業の概要
何を指針に授業を組み立てるか

石黒 圭

　ピア・リーディング授業は魅力的ですが、実際にやってみるとなかなかうまくいきません。ピア・リーディング授業をこれから初めてやってみよう、あるいは、何度かやってみたけどなかなかうまくいかないと思っている人は、何を指針に授業を組み立てたらよいでしょうか。本章では、そうした指針を立てるのに役立つ分析観点を示します。

1　はじめに

　日本語教育とは何だろうか。戦後の日本語教育史をひもといてみると、池田・舘岡（2007: 43）が適切にまとめているとおり、日本語教師の関心は「言語のしくみ」から「教え方（教授法）」へ、さらに「学習者の学びとその支援」へと移ってきた。つまり、現在の日本語教育は日本語教育ではなく、いわば日本語学習支援であり、そこでは学習者の「主体的な学び」が重視される。「主体的な学び」は、日本語教育にかぎらず、日本の教育界全体で重視されており、近年のアクティブ・ラーニング隆盛がそのことを象徴している。日本語教育界もそうした流れにあって、仲間同士で学びあうピア・ラーニングが教育現場に積極的に取り入れられているということであろう。

　しかし、ピア・ラーニングは、実際にやってみるとうま

くいかないことが多い。多くの教師がそのことを実感しているであろうし、筆者自身もその一人である。ピア・ラーニングによいマニュアルがあれば教師としては助かるが、ピア・ラーニング自体、マニュアル化しにくい教育法であり、そもそもマニュアル化になじまない教育法でもある。学習者主体の教育法を型にはめてしまっては、その効果が薄まるからである。ピア・ラーニングを試みる場合、型から入るのではなく、対話による「主体的な学び」という理念から入り、その理念を体現する方法を模索すべきである。そうは言っても、ピア・ラーニングの経験に乏しい教師にとって、マニュアルとは言わないまでも、頼るべき指針がほしいというのが切実な思いであろう。本書は、ピア・ラーニングを実践するさいの一つの指針となることを目指して編まれた論文集である。

　ピア・ラーニング授業を考える場合、何を指針に考えるべきだろうか。ピア・ラーニングが学習者の「主体的な学び」を重視する以上、学習者の行動と学習者の声から指針を得ることが望ましいと思われる。筆者の所属する国立国語研究所の日本語教育研究領域では、「日本語学習者のコミュニケーションの多角的解明」プロジェクトが進行している。そこでは、日本語学習者自身が産出するデータを徹底的に収集し、そのデータから実証的に日本語学習者のコミュニケーションを明らかにすることを柱としている。そのプロジェクトの一部をなす本書としても、その柱を尊重し、学習者の産出するデータを収集して分析し、そこから指針を得るようにしたい。

2 分析対象の授業

　分析対象とする授業は、筆者自身が担当したピア・リーディング授業である。ピア・ラーニングには、ピア・リス

ニング、ピア・モニタリングなどの種類があるが、ピア・レスポンスとピア・リーディングがその代表である。ピア・レスポンスは学習者が自分の書いた作文を持ちより、グループ・ディスカッションの中で推敲しあう活動であり、池田玲子氏の一連の実践（池田1998, 1999a, 1999bなど）によって日本語教育界で盛んになった。一方、ピア・リーディングは共通した文章を読みあい、その文章の表現や内容について話し合う活動であり、舘岡洋子氏の一連の実践（舘岡2000, 2003, 2004, 2005など）によってやはり日本語教育界に定着した。本書で扱うのは後者のピア・リーディングであるが、前者のピア・レスポンスについても数年後の出版を目指して準備中である。出版のあかつきには合わせてご参照いただければさいわいである。

　対象とするピア・リーディングの授業は、学術的な読解力養成を目的としたもので、2014年4月から7月にかけて都内の某大学で行われた90分×15回の授業である。15回のうち、最初の1回は授業内容を説明するオリエンテーションであるため、とくに扱わない。残り14回のうち、前半7回は「深く・正確に読む」こと、後半7回は「批判的・創造的に読む」ことを目的としている。各回の授業のテーマは下掲の表1のとおりである。なお、課題の詳細については、第2章5の「表1 各回の課題の指示文と『解答内容』『解答形式』による分類」を参照のこと。

表1　各回の授業のテーマ

	「深く・正確に読む」テーマ		「批判的・創造的に読む」テーマ
1	キーワードを定義する	8	事例を収集する
2	行間を読む	9	参考文献を探す
3	接続詞を入れる	10	疑問点に反論する
4	予測をする	11	代替案を考える
5	キーセンテンスの連鎖を見る	12	自分の関心を説明する
6	文章構造図を書く	13	他者の関心とすり合わせる
7	課題①：要約文を書く	14	課題②：書評を書く

（初回はオリエンテーション）

筆者自身は、文章理解には次の①〜③の三層のプロセスが存在すると考えており、日本語教育の読解教育では、①がおもに初級から中級の課題に、②がおもに中級から上級の課題に、③がおもに上級から超級の課題になる。

①文字列の意味論的解析を中心としたボトムアップの読解プロセス
・文字列に寄り添って理解するもので、具体的には、文字を認識して文字列を分節し、脳内の辞書と文法を用い、文字列に意味を見いだすプロセス。
②文字列の語用論的解析を中心としたトップダウンの読解プロセス
・読み手の知識に引きつけて理解するもので、具体的には、先行文脈や形式スキーマ・内容スキーマに照らして書いてありそうなことを推測し、文字列に意味を見いだすプロセス。
③文字列の批判的解析を中心とした創造的な読解プロセス
・理解した内容の妥当性を論理的に評価するもので、具体的には、①と②の理解を前提に、その内容を批判的に吟味し、その価値を測り、自身の思考・着想・発信など、創造的活動に生かしていくプロセス。

　今回の受講者は総じて日本語力が高いため、①のプロセスは扱わず、②のプロセスを前半7回の「深く・正確に読む」で、③のプロセスを後半7回の「批判的・創造的に読む」で扱うことにした。もちろん、①のプロセスをピア・リーディングで扱うことは可能であるが、経験的には、①よりも②、②よりも③のほうが、よりピア・リーディングの効果を十分に引きだすことができるように感じている。
　1回の授業構成は、ピア・リーディングによって学習者

が自己の読み方を可視化・相対化できるように、90分の授業時間が3部に分かれている。

　①自己との対話（30分）：学習者一人ひとりが、与えられた課題に独力で取り組み、自分がどのような読み方をしているかを自覚する。
　②他者との対話（30分）：学習者がそれぞれ3〜4名のグループに分かれ、対話をとおして互いの読み方を交換する過程で他者の読み方を意識する。
　③全体との対話（30分）：最後の30分は、各グループの話し合いの内容をクラス全体で共有し、個々の読み方の相対性と多様性を学ぶ。

　テキストとしては石黒圭（2013）『日本語は「空気」が決める 社会言語学入門』（光文社）の一部を用いている。選定理由は、次の4点である。

　①専門の異なる留学生の集まる授業でも共通に関心のある内容である。
　②学習者にとって身近であり、具体な経験に基づいて議論できる内容である。
　③専門性が高すぎないが、一定の専門性を有する内容を含む文章である。
　④本書などの収録にあたり、著作権上の問題が生じないものである。

　受講者は留学生22名であり、個々の属性は表2のとおりである。学習者の日本語レベルであるが、全員がN1を取得しているか、取得相当のレベルにある。なお、Oは、個人的な事情により、授業を休みがちであり、Rは自身の日本語力に自身が持てず、授業の履修を途中であきらめた。

表2 受講生一覧

	性別	母語	専門	身分	学習歴	滞在歴
A	男	ポルトガル語	法学	学部生	7年3カ月	2年3カ月
B	女	韓国語	言語学	日研生	10年間	7カ月
C	女	アラビア語	言語学	研究生	4年	2年
D	男	韓国語	商学	学部生	8年	1年
E	女	韓国語	言語学	日研生	4年	7カ月
F	女	韓国語	言語学	日研生	6年3カ月	7カ月
G	女	韓国語	言語学	日研生	9年	7カ月
H	男	中国語	商学	研究生	4年5カ月	6カ月
I	女	中国語	商学	学部生	4年6カ月	4年6カ月
J	男	韓国語	言語学	交流学生	6年6カ月	7カ月
K	女	ポルトガル語	社会学	大学院生	16年4カ月	5年1カ月
L	男	韓国語	社会学	学部生	7年	1年
M	女	中国語	言語学	交流学生	3年6カ月	6カ月
N	女	韓国語	社会学	学部生	2年2カ月	1年2カ月
O	女	ロシア語	言語学	交流学生	6年	1年
P	女	韓国語	商学	学部生	4年	1年1カ月
Q	女	韓国語	経済学	交流学生	1年8カ月	8カ月
R	女	中国語	商学	学部生	3年	1年
S	女	中国語	言語学	研究生	8年	1年
T	女	ポルトガル語	言語学	研究生	11年	5カ月
U	男	韓国語	社会学	日研生	3年	1年1カ月
V	男	英語他	法学	学部生	3年	1年1カ月

（日研生＝日本語・日本文化研修留学生、研究生＝大学院研究生、交流学生＝交換留学生）

3 分析対象となるデータ

本書の分析対象となるデータは、次の四つである。

①毎回の授業中に学習者が記入した課題シート
②毎回の授業での学習者のグループ・ディスカッションの録音
③毎回の授業後に学習者が記入したコメントシート
④学期中・学期後に学習者全員に行った4回のインタビュー

①「毎回の授業中に学習者が記入した課題シート」は、学習者が文章を読んで取り組んだ課題にたいする解答を記入するもので、表面が学習者個人の解答を書く欄、裏面がディスカッションを通じてグループで決めた解答を書く欄になっている。

②「毎回の授業での学習者のグループ・ディスカッションの録音」は、宇佐美（2011）の基本的文字化の原則（BTSJ）2011改訂版にしたがって文字化作業を行ったもので、1回の授業にたいして各回30分程度の5～6グループの談話がある。ただし、第13回の授業は2回に分けて話し合いが行われ、第14回の授業はワールドカフェ形式で四つのテーブルで4回の話し合いが行われているため、分析対象となる談話の合計は89である。

③「毎回の授業後に学習者が記入したコメントシート」は、「今日の授業活動は面白かったですか」「今日の授業活動は難しかったですか」「今日の授業活動は文章を読むのに役に立つと思いますか」という三つの質問項目にたいする5段階評価のアンケート欄と、授業の感想を自由に書くコメント欄からなっている。

④「学期中・学期後に学習者全員に行った4回のインタビュー」は、授業開始前、授業が半分進行した時点、授業終了直後、授業終了1カ月後に、学習者全員を対象に行った個人インタビューの録音を文字起こしたものである。

4 本書の内容

4.1 ピア・リーディングの疑問に答える

ピア・リーディングは、対話による学習者の「主体的な学び」を軸に据えているため、活動が一旦始まると、学習者に任せてしまう部分が大きい。したがって、活動開始前の仕込みが何より重要になる。そこでは、どんな文章を読

ませるか、どんな課題を設定するか、どんなグループ編成にするか、話し合いをどのように指導するかなどが重要になろう。もちろん、活動中の話し合いに教師はどう介入するか、活動後に学習者のフィードバックをどう生かし、学習者にどうアドバイスするかなども考慮の必要がある。

本書では、こうした一つひとつの疑問を分析観点として立てて各章に割り振り、それぞれの章の執筆者が「3．分析対象となるデータ」で示した四つのデータを駆使して分析を行い、解答を導くことを目指している。そうした分析観点に沿った各章の内容を順に紹介する。

4.2　授業の準備

田中啓行氏による「第2章　テキストの選定と課題の設定―読解の課題はどのように作ればいいのか」は、テキストの選び方と課題の設定の仕方を考えるものである。テキストは、学生が関心を抱く内容で、長さと難易度が適切であることが基本である。しかし、提示の仕方を工夫すれば、この基本から多少逸脱したものでも扱えるとする点に新しさを感じる。また、課題の設定はどのような課題でも長所と短所があり、大事なのはそうした長所と短所を見きわめて使い分けることであるとする点も参考になるだろう。

志賀玲子氏による「第3章　グループの編成―グループはどんな学習者を組み合わせるのがよいのか」は、「相互理解」を学習目標とした場合の、グループ・ディスカッションにおける学習者の組み合わせと人数を考えるものである。学習者を組み合わせる場合、活発な議論を期待して親しい者同士を組み合わせるという考え方と、異なる他者との交流を生かして背景の異なる者同士を組み合わせるという考え方がある。いずれがよいのかという二者択一ではなく、時期によって変えていくという柔軟な考え方が参考になる。また、人数については4名がよいと断じられる。そ

の理由は第3章を読んで確かめていただきたい。

4.3　話し合いの実態

　胡方方氏による「第4章『深く・正確に読む』段階の話し合い——参加者はどのように合意を形成するのか」は、グループ・ディスカッションにおいて学習者がどのように話し合いを行っているのかを考えるものである。「深く・正確に読む」段階の話し合いを分析してわかることは、合意形成に至るまでにいくつかの段階があることと、話し合いを豊かにするのに欠かせない発話機能があることである。とくに後者には、自分自身の意見の「表明」、互いの意見の「要求」や「確認」、相手を話しやすくする「肯定」、議論を深めるきっかけとなる「否定」、議論が錯綜してきた場合の「整理」といった重要な発話機能があり、これはそのまま話し合いの指導に役立つ観点となる。

　楊秀娥氏による「第5章『批判的・創造的に読む』段階の話し合い——学習者の批判的思考はどのように活性化しているのか」は、すでに筆者が「文字列の批判的解析を中心とした創造的な読解プロセス」として述べた文章理解の第三層を考えるものである。「批判的・創造的に読む」段階の話し合いを分析してわかることは、個々の学習者は文章を批判的に理解できるだけでなく、互いの意見をすり合わせる中で、そうした批判的な理解を深め、問題解決につながる考えを創造できるということである。そのさい、メタ的な認知技能が活性化しており、そうしたメタ認知を取りだして指導することが指導のカギになるだろう。

　胡方方氏と石黒による「第6章 司会役の役割——司会役はグループ・ディスカッションにどこまで貢献できるのか」は、学習者の話し合いを、参加者の言葉としての発話ではなく、参加者の人としての役割から考えるものである。グループ・ディスカッションの参加者で重要なのは司会役であ

る。自然発生的に生まれる司会役の存在により、参加者が公平に発話し、論点が整理される。ところが、司会役によっては、議論にたいして支配的になったり、反対に機械的な運営になったりする。つまり、参加者の一人である司会役が、悪い意味での教師のようになってしまうのである。こうした司会役の弊害を解消するポイントについてはぜひ第6章を参照してほしい。

4.4 学習者の意識

　布施悠子氏による「第7章 教師の介入―学習者主体の授業に教師はどこまでどのように介入すべきなのか」は、グループ・ディスカッションなどの学習者の「主体的な学び」に教師がどこまで関わるべきかを考えるものである。介入は一概に否定的に捉えられるものではなく、学習者が教師の役割を理解深化の手助けを行う「ファシリテーター」として捉えるのか、新たな専門的な知識や読みのスキルを与えてくれる「専門家」と捉えるかによって、学習者の情意面での評価に差が表れたという。その意味で教師は自らの役割を明示し、適度な介入を心がけることが求められよう。

　同じ布施悠子氏による「第8章 学習者の授業評価―学習者の声によってどのような授業改善が可能になるのか」は、学習者の授業評価から、授業の改善につながるどのような手がかりが得られるかを考えるものである。ピア・リーディング授業にたいする情意面での評価が高い学習者は、グループ活動に対する評価自体が高い傾向が見られた。そのため、グループ・ディスカッションの意義を学習者に理解させると同時に、適切なグループ編成によってみんなで話し合う土壌を作る必要がある。

4.5 中級学習者への対応

　分析対象としてきた授業は、日本に留学したJSL環境の上級学習者を対象にしたものであった。クラスには多様な背景を持つ学習者が集まり、教材は担当教師の著書が用いられているという特殊な、いわば恵まれた環境であった。この授業を、海外のJFL環境で学ぶ中級学習者が体験した場合、どのような問題が生じるだろうか。

　胡方方氏による「第9章　ピア・リーディングの実践―授業にあたってどんな準備と工夫が必要か」は、中国のJFL環境で学ぶ中級学習者にたいする実践を通じて、学習者の背景やレベルに合わせた授業の準備と工夫の方法を考えるものである。中級学習者を対象とした場合、文章の難しさ、課題の難しさが低評価につながりやすい。一方で、日本語で議論ができたという充実感は上級以上である。ピアの議論自体は、JFL環境を生かした母語で問題ないが、できるところから日本語で話せるように会話の文型を導入しておくと、ピアでの対話が協働的な議論につながる。また、文章の内容にも課題にも日本語学習につながるような仕掛けを施すと、学習者のモチベーションも高まり、議論も深まる。そのために、文章の内容がよく理解できるようアイス・ブレイキングの時間を授業の最初に設けておくことも効果的であるとされている。こうした準備と工夫のなかで、協働学習としてのピア・リーディングの意味を繰り返し学習者に伝えるとともに、回数を重ねる中で協働性を高め、ピア活動の意義への気づきを促すことが、ピア・リーディング授業の成否のカギを握っていると言えるだろう。

4.6　教師の考え方

　筆者による「第10章　ピア・リーディング授業の考え方―ピア・ラーニングにおける対話とは何か」は、分析の対

象となった授業を担当した教師として、また、本書をまとめた編者として、授業の実践と各章の内容を踏まえ、ピア・ラーニングにおける対話の意義を考えるものである。この授業は「自己との対話」「他者との対話」「全体との対話」の三つから成り立っているが、その背後に「筆者との対話」があることに触れ、また、グループ・ディスカッションで有意義な議論をするためには、Google社の「プロジェクト・アリストテレス」から生まれた「心理的安全性（Psychological safety）」を参加者が持つ必要があることを論じた。また、ピア・ラーニングの長所と短所を述べ、とくに短所に注意し、失敗経験を真摯に受け止め、それを改善していくことにピア・ラーニングの新たな地平が広がることを示した。

5 まとめ

　本章では、ピア・リーディングをこれから本格的に始めてみようという読者のために、何を指針に授業を組み立てたらよいかという分析観点を示し、2章から10章で行われるそうした観点からの分析の内容について簡単に示した。

　ピア・リーディングを始める場合、どんな文章を読ませるか、どんな課題を設定するか、どんなグループ編成にするかという準備に頭を悩ませ、話し合いをどのように指導し、その話し合いに教師はどこまで介入するかに神経を使い、活動後の学習者のフィードバックをどう生かし、学習者にどうアドバイスするかに気を配ることになるだろう。そうしたときに、各章で描かれる分析結果を熟読し、学習者の発話と生の声を実際の指導に生かしてくださることを願う次第である。

参考文献

池田玲子（1998）「日本語作文におけるピア・レスポンス」『拓殖大学日本語紀要』8, pp.217–240.

池田玲子（1999a）「ピア・レスポンスが可能にすること―中級学習者の場合」『世界の日本語教育』9, pp.29–43.

池田玲子（1999b）「日本語作文推敲におけるピア・レスポンスの効果―中級学習の場合」『言語文化と日本語教育』17, pp.36–47.

池田玲子・舘岡洋子（2007）『ピア・ラーニング入門―創造的な学びのデザインのために』ひつじ書房

宇佐美まゆみ（2011）「改訂版：基本的な文字化の原則（Basic Transcription System for Japanese: BTSJ）」『談話研究と日本語教育の有機的統合のための基礎的研究とマルチメディア教材の試作（平成15–18年度科学研究費補助金基盤研究B（2））報告書』pp.1–20.

舘岡洋子（2000）「読解過程における学習者間の相互作用―ピア・リーディングの可能性をめぐって」『アメリカ・カナダ大学連合日本研究センター紀要』23, pp.25–50.

舘岡洋子（2003）「読解授業における協働的学習」『東海大学紀要　留学生教育センター』23, pp.67–83.

舘岡洋子（2004）「対話的協働学習の可能性―ピア・リーディングの実践からの検討」『東海大学紀要　留学生教育センター』24, pp.37–46.

舘岡洋子（2005）『ひとりで読むことからピア・リーディングへ―日本語学習者の読解過程と対話的協働学習』東海大学出版会

第2章
テキストの選定と課題の設定
読解の課題はどのように作ればいいのか

田中啓行

　ピア・リーディングで読むテキストの内容や長さは学習者に応じたものがよいとされています。また、テキストを読むときに取り組む「課題」によって、ピアの活動が活性化するといわれています。では、具体的にはどのようなテキスト、課題がよいのでしょうか。本章では、テキストの内容と長さ、読解課題の内容、形式をどのように設定すればよいのかを検討します。

1 はじめに

　ピア・リーディングは、まず個々の学習者が一人でテキストを読むことから始まる。この、一人でテキストを読む段階を適切にデザインすることが、その後に続くピア・リーディングの活動が充実したものになるための土台となるといえるだろう。ピア・リーディングを実践し、その有効性を主張している舘岡（2007）においても、「まずひとりで読んで、自分の理解や意見を生成する段階」が「十分に成り立っていないと、次の段階で発信することができず、自己と他者との違いに気づくこともできません」（p.132）と指摘されている。テキストとしてどのような文章を選ぶか、また、テキストを読むときに取り組む課題をどのように作成するかということは、活動の成否に関わる重要なポ

イントとなる。そこで、本章では、下記のリサーチ・クエスチョンを設定し、「テキストを読む」段階で用いる読解対象のテキストと読解課題について考察する。

・RQ1：読解対象とするテキストの難易度、長さをどう設定すべきか。
・RQ2：読解課題の解答内容、解答形式をどのように設定すればピア・リーディングが活性化するか。

学習者がインタビューでテキストと課題シートに言及している内容と各授業回のグループ・ディスカッションの談話データから、上記の二つのリサーチ・クエスチョンについて明らかにすることが本章の目的である。

2 先行研究

協同学習による大学授業の改善について論じたバークレイら（2006）は、「協同学習を効果的に実践するために、もっとも大切なことは学習課題をつくること」（p.43）だと述べている。そして、学生が学習プロセスをコントロールできるよう、教師が協同学習場面を構造化するために重要な要素として、「(1) 適切な学習課題をデザインすること」「(2) その学習課題を学生が積極的に遂行できるように手順を構造化すること」の二つを挙げている。ピア・リーディング授業においては、学生がディスカッションに積極的に参加できるように読解課題をデザインし、課題に取り組む手順を構造化することが重要であるということになろう。

一方、読解教材の作成について論じている関・平高・舘岡（2012）は、ピア・リーディングの際に教師が用意するワークシートを「学習者同士の質疑応答を活性化するため

の媒介物」(p.158) であるとし、実践例を取りあげ、「正解を記入するものというよりは活動が拡散しないための土俵のような働きをしていた」(p.158) と述べている。「実際にはワークシートに載っていない問いが学習者から提出され、それをめぐって話し合ったり、ワークシート中の設問をきっかけにさらに発展した問いについて話し合ったり」(p.158) するという。

　ピア・リーディング授業においては、テキストと読解課題が活動の土台となるといえる。次節以下で、テキストと読解課題がピア・リーディング授業の活動にどのように影響するかを見ていく。

3 分析対象のデータと分析方法

3.1 分析対象のデータ

　本書において分析対象としている読解授業では、テキストとして社会言語学の教科書を用いている。各回ごとに、教科書の一部を抜きだし、A4判横向き、縦書き、1ページあたり41字×30行で印刷したプリントを配布している。1回あたりのプリントは、2ページから16ページである。教科書の文章をそのまま配る場合と、読解課題に応じて、一部を空欄にするなどの加工が施されている場合とがある。次頁の(1)は配布されたテキストの一部である。

　また、毎回読解課題と解答欄が印刷されたA4判の課題シート1枚が学生に配布された。課題シートは両面印刷で、表に学習者個人の解答を書く欄、裏にディスカッションを通じてグループで決めた解答を書く欄がある。学生が記入した課題シートは、各回の授業終了後に回収した。(2)は課題シートの例である。

(1) 読解対象のテキストとして配布されたプリント（一部抜粋）

文末文体の切り替え

これまで見てきたように、文体（style）は、場面にかんする「あらたまった」「くだけた」という対立、話題にかんする「硬い」「軟らかい」という対立、機能にかんする「丁寧な」「ぞんざいな」という対立という三つの軸から考えることが可能です。そのすべてに絡むのが、丁寧体と普通体という文末文体の問題です。

丁寧体を選ぶか、普通体を選ぶかという問題は、そんなに簡単なことではありません。相手が目上か目下かという上下関係だけでなく、相手が親しいか親しくないかという親疎関係、公的な場か私的な場か、あらたまった場面かくだけた場面かという場面、事務的な話題か心情的な話題かという話題、さらには話の目的によって決まる機能など、さまざまな要因があるからです。

【　①　】、丁寧体は話している途中で普通体に変わったり、普通体で話している途中で丁寧体に変わったりします。【　②　】、話している相手が普通体で親しく話しかけてくれたり、話している途中で相手との距離が縮まってきたと感じたりしたことで、丁寧体から普通体に切り替えた経験のある人は少なくないでしょう。仕事の打ち合わせが終わり、雑談モードに変わった瞬間から、普通体が飛び交うことも珍しくありません。次の例のように感謝の気持ちがこもり、あらたまった言葉遣いになることもあるでしょう。

　本章では、上記の①各回で学習者が読んだテキスト、②学習者が記入した課題シートにくわえて、③インタビューの中で学習者がテキストあるいは課題について言及している部分、④グループ・ディスカッションの談話資料を用いて、ピア・リーディング授業で読むテキストと読解課題について検討する。

(2) 課題シート

3.2 分析方法

「RQ1：読解対象とするテキストの難易度、長さをどう設定すべきか」については、学習者に対するインタビューから、テキストの難易度や長さに言及している部分を抽出して分析する。

また、「RQ2：読解課題の解答内容、解答形式をどのように設定すればピア・リーディングが活性化するか」については、まず、課題シートの形式を①解答内容（何を解答する課題か）、②解答形式（どのように解答する課題か）の二つの観点で分類する。分類された課題ごとに、インタビューから抽出した読解課題に対する学習者の評価と、グループ・ディスカッションの談話データを分析し、どのような形式の課題シートがピア・リーディングの活動を活性化したかを考察する。

4 分析結果その1——テキストの選定

　読解教材について論じた関・平高・舘岡（2012）は、「教材のために特別に書かれた文章ではなく、実際に人々に読まれている」文章を教材にしたものを「生教材」として、生活情報、新聞記事、評論文、小説の教材化について取りあげているが、授業のデザインによって使われる教材も違ってくるという（p.57）。また、ピア・リーディングの実践例を扱った先行研究では、テキストを読む段階について、「グループ・リーディングかジグソー・リーディングか」「授業時間中に読むか、予習として読んでくるか」「テキストを教師が準備するか、学生が読みたいものを取りあげるか」といった点が検討されているが、テキストの内容については、ほとんどが小説か新聞であり、学術的な文章を扱っているものはあまりない。

　ここでは、「グループ・リーディング」で「授業時間中に読む」テキストを「教師が準備する」際に、内容と長さをどのように設定するかについて分析する。

4.1 テキストの難易度

　今回の授業で読んだ社会言語学のテキストについて、学習者は難しさを感じていた。（3）は学習者Eがテキストの内容について述べた部分である。

（3）
　　学習者E：私も自分の専攻じゃないから、なんか難しかったり、何回か読んでもやっぱり難しいのは難しいので、ちょっと理解ができなかったりもしてたんで、その授業で、なんか簡単なときもあったんですけど、なんか難しいときがけっこうもっと多かったんで、

学習者Eは、自分の専門外であるテキストの内容について、何回か読んでも難しいと述べている。このような感想は、他の学習者のインタビューにも見られた。特定の専攻の学生のみが出席するような授業でない限りは、専門外の学術的文章を読まなければならない学習者が出てくる。学術的文章をピア・リーディング授業で扱う際に、専門外の学習者が感じるテキストの難しさをどうしたらいいのだろうか。このことについて、示唆を与えるのが、次の（4）である。

（4）
学習者J：最初は、社会言語学に関わってる内容で、社会言語学初めて見たし、初めて聞いたし、まったく知らない内容ばっかりで、最初は読むことは難しかったです。<u>でも授業につれてどんどん慣れてきて、わかるようになりました</u>。でもまだ難しいと思います。内容が、はい。（中略）
　つまり社会言語学、勉強したことのない人にとっては、最初は難しいかもしれないと思います。でも具体的な例を挙げながら説明してくれるとある程度理解はできますが、やっぱり、完全、完璧に理解することは難しいと思います。（中略）<u>面白さは、あのう、具体的な例です</u>。（中略）はい、あのう、具体的な例のおかげで、わかるようになりました。そして、他の分野の文章も読みたいですが、具体的な例がない限り読んでも理解できないと思いますので、具体的な例のある本を読みたいです。

（4）で学習者Jは、やはり勉強したことのない人にとっては難しいものの、「慣れ」と「具体的な例」によって、わかるようになると述べている。(5)は、学習者Qが「事例を収集する」という課題に取り組んだ回の内容について述べている部分である。

(5)
学習者Q：この回ではなんか<u>実用的に使ってる、ことについて、話したテーマだったと思うので</u>、面白かったです。

学習者Qは、実際に使われている身近な例がテキストに挙げられていることによって、面白かったという感想を述べている。学術的な内容であっても、学習者が具体例から理解できるような文章を選ぶことで、一人で読む段階を成り立たせることができると思われる。また、学習者Qは（6）のようにも述べている。

(6)
学習者Q：実はあのう、日本語っていう言語学についての文章は、初めて読んでみたんですけど、この授業で、でも面白かったです。（中略）だからちょっと比較とかはできないですけど、やっぱり…<u>そんなにかたくないし、けっこうやさしい言葉で書かれてて、あのう、面白かったと思います</u>。

学習者Qは、初めて読んだ言語学の内容の本であっても、表現が平易なことで面白さを感じている。(7)は、学習者Tが同様の指摘をしている部分である。

(7)
　学習者T：あとはよかったと思うのは、文章自体はすごくわかりやすくて、その、<u>社会言語まで詳しくない人にもすごくわかりやすくて読みやすい文章</u>で、面白かったかなと思いました。

　学習者Tは、文章がわかりやすいことで、専門外の人にも読みやすく、面白いと述べている。
　以上から、学術的文章などの学習者にとって難しい内容の文章を取りあげる際は、下記のような項目が一人で読む段階の成立の助けになると考えられる。

・学習者の理解の助けになるような具体例
・平易な表現、文体

　上記のようなテキストであれば、内容的には難しいテキストであっても、学習者が理解でき、「他者との対話」の段階につなげることができる。また、このような配慮をした上で、「難しい」内容の文章を取りあげたことが、(8)の学習者Fのような意識の変化をもたらしている。

(8)
　学習者F：うん、なんか、昔は小説のほうが、もっとよくて、難しい本とか読みたくなかったんですけど、読むのもすごく難しくて得意ではなかったんですけど、<u>今はちょっと自信がついたのかなって思います</u>。(中略)これからもうちょっと難しい本をいっぱい読むと思うんですけど、そのときに本当に怖がらずに、本当になんか昔は、難しい本があると、後で読めばいいっていうのがすごくあって、後で、もう

ぜんぜんわからない状態でざっと読んでまあいいだろうっていうのがあったんですけど、<u>怖がらずにちょっと読みたいですね。</u>

　学習者Fは、これまでは、小説などを読むほうが好きで、難しい本は敬遠していたようだが、授業をとおして、難しい本も読んでみようという気持ちを持つようになっている。これは、学術的文章を授業で扱ったことの効果であろう。

4.2　テキストの長さ

　次に、テキストの長さについて述べる。今回の授業は、授業中に配布された文章を読む形であった。文章量は、授業回ごとにまちまちで、A4判2〜4ページの回が9回、8ページの回が3回、14ページの回が1回あった。(9)は、学習者Eが14ページ読まなくてはならない回について述べている部分である。

(9)
　　学習者E：なんか、<u>14枚全部読めなかったんで</u>、9か10まで読んで、まあ、日本、なんかみんなでも全部読まなかった人が多かったんで、これの、これに対してのあれじゃなくて、なんか自分が今までなんかやって日本語はどうだと思うみたいなので話して、日本語は難しいのと、なんか文法の構造とかが、違う、違うっていうか、なんか韓国語とはちょっと似てるから、まあやさしいと思うんですけど、西洋からしたらその、構造とかが違うから、なんかやっぱり難しいとか、言ったり、何があったっけ、

学習者Eは、14枚すべてを読まなかった人が多く、皆自分の経験から話していたと述べている。14ページというのは、授業内の30分で読むには長すぎたといえる。それ以外の回については、「読む時間が足りなかった」と感じる人と、「時間が長すぎる」と感じる人の両方がいた。テキストの長さについては、学習者の状況に応じて調整することが必要だと考えられるが、今回の授業では、次の(10)のような意見も見られた。

(10)
　学習者Q：ちょっと速めに読むようになったというか、はじめ…るごろにはけっこう時間が足りなくて、自分だけ苦労してたんですけど、まあどんどん文章もしかも長いですよね。で、なんか<u>授業の終わりぐらいにはけっこう大事なところだけ確認しながら見る方法、自分で、学びました</u>。（中略）けっこう文章が長いときとか6枚7枚ぐらいになるときは、全部まじめに読むのはあきらめて（笑）けっこう自分の中で大事だなと思うところだけ見るから、メモしながら…

　学習者Qは、最初のうちは読む時間が足りなかったが、次第に大事なところだけを確認しながら読むようになったと述べている。また、文章が6、7枚くらいになると全部読むのをあきらめたという。今回の授業のテキストでは、4枚（41字×120行）までが適当な長さであったといえるが、テキストの長さを調整するだけではなく、読み方の工夫を学習者に提示することも、授業時間内に文章を読むための一つの方法であろう。

5 分析結果その2――課題シートの作成

ここでは、一人で読む段階で取り組む読解課題の作成について、課題の解答内容と解答形式の二つの観点から述べる。表1は、各回の課題の指示文、解答内容、解答形式を示したものである。

表1 各回の課題の指示文と「解答内容」「解答形式」による分類

		課題の指示文	解答内容	解答形式
第1回	キーワードを定義する	「言葉とジェンダー」を読み、日本語の「男性語」と「女性語」についてそれぞれ定義しなさい。「言葉と世代」を読み、キーワードの候補となる語を、5語以内で挙げなさい。次にそのなかから、真のキーワードを1語決めてください。そして、それを真のキーワードにした理由を書いてください。	1)内容の理解について書く	B)テキストの語句や文を選ぶ
第2回	行間を読む	まず、与えられた文章を読み、一人で以下の問題を解いてください。スマホなどを調べたり友人に相談したりしないでください。 日本語の①「フォーリナー・トーク」のわかりやすい例を考えて書いてください。 日本語の②「ティーチャー・トーク」のわかりやすい例を考えて書いてください。 文③「やさしい日本語」のプロジェクトが始まり、各地に普及している理由を考えて書いてください。 文④でその女性が名字に「さん」づけ、丁寧形で返す理由を考えて書いてください。 文⑤で適度のアコモデーションが人を不愉快にする具体例を考えて書いてください。	3)定義や例を調べたり考えたりする	E)テキストに関わる事例を書く
第3回	接続詞を入れる	「文末文体の切り替え」を読み、①〜⑧に入る接続詞(「しかし」「だから」「たとえば」など)を考え、入れなさい。また、この文章でもっとも大切な接続詞は何か考え、番号①〜⑧のなかから一つだけ選んで丸をつけなさい。	1)内容の理解について書く	A)テキストの空欄に入るものを書く
第4回	予測をする	「俗語と標準語」を読み、①と②に入る内容を予測し、それぞれ数文で表現してください。	1)内容の理解について書く	A)テキストの空欄に入るものを書く
第5回	キーセンテンスの連鎖を見る	「話し言葉と書き言葉」「話し言葉と書き言葉の境界線」を読み、もっとも重要な文を3文、重要な文を12文、合わせて15文を抜きだしてください。文を抜きだす基準は、抜きだした文をそのままつなぐと、本文を読まなくても「あらすじ」がわかるようなイメージで選んでください。	1)内容の理解について書く	B)テキストの語句や文を選ぶ
第6回	文章構造図を書く	「話し手のアイデンティティに根ざす」を読み、この文章の内容が一目でわかるような文章構造図を作成してください。ある授業に出られなかった友人のために、その授業の講義ノートを作ってあげるような気持ちで作図してください。	1)内容の理解について書く	C)テキストの内容をまとめる

		課題の指示文	解答内容	解答形式
第7回	要約文を書く	一度要約してもらったことのある文章（「言語共同体とアイデンティティ」「バリエーションとコード」「言葉の種類」「言葉の選択」「言葉の変化」）を読み、もう一度要約をしてください。パソコン（MS-WORD）を使い、700〜800字でお願いします。なお、ファイル名は、自分の名前にしてください。要約をするまえに、この授業でやった内容を思い出して、そのいくつかを活用してください。	1) 内容の理解について書く	C) テキストの内容をまとめる
第8回	事例を収集する	「言葉とジェンダー」を読み、気づかれにくいのですが、ほんとうに男女で差があると思われる、教科書に載っていない「隠れた男性語」「隠れた女性語」を考えてください。 「言葉と世代」を読み、あなたが若者語だと考える、教科書に載っていない語を、できるだけたくさん挙げてください。とくに、〇〇大学のキャンパスでよく耳にするキャンパス用語を想像してください。〇〇大学特有のローカルな言葉でもかまいません。	3) 定義や例を調べたり考えたりする	E) テキストに関わる事例を書く
第9回	参考文献を探す	宿題です。「アコモデーション理論」を読み、「フォーリナー・トーク」「ティーチャー・トーク」「やさしい日本語」について専門の書籍や雑誌を図書館などで調べ、そのなかで自分がよいと思った定義を二つ、そのまま引用し、この紙に書いてきてください。	3) 定義や例を調べたり考えたりする	E) テキストに関わる事例を書く
第10回	疑問点に反論する	「俗語と標準語」を、続きをふくめて読み、疑問や誤りだと思う点を見つけてください。そして、それを、疑問や誤りだと考える理由を説明してください。	2) 自分の意見を書く	D) テキストに基づいて自由に意見を書く
第11回	代替案を考える	本書では、状況は、場面、話題、機能の三つが想定され、場面にたいするふさわしさは、「あらたまった」「くだけた」という軸で、話題にたいするふさわしさは、「硬い」「軟らかい」という軸で、機能にたいするふさわしさは、「丁寧な」「ぞんざいな」という軸で、それぞれ考えられています。この三分類をよりよい分類（三分類のままでも、二分類でも、四分類でもかまいません）に直してください。	2) 自分の意見を書く	D) テキストに基づいて自由に意見を書く
第12回	自分の関心を説明する	以前、「話し言葉と書き言葉」「話し言葉と書き言葉の境界線」を読み、もっとも重要な文を3文、重要な文を12文、合わせて15文抜きだすという作業をしてもらいましたが、今回は自分にとっておもしろい文と感じた文を2〜3文（もっと多くてもかまいませんが、最低2文は選んでください）抜きだしてください。そして、その文がおもしろいと感じた理由もあわせて書いてください。	2) 自分の意見を書く	B) テキストの語句や文を選ぶ
第13回	他者の関心とすり合わせる	三〜四人のグループになり、第7章全体の内容を参考に、「日本語とはどんな言語か」について自由に語り合ってください。グループは、ワールドカフェの方法にしたがって何度か変えますので、自分の考えや友人の考えをこの紙の表面のメモ欄に書いてください。そして、最後に「日本語とはどんな言語か」についてこの紙の裏面にまとめて書いてください。	2) 自分の意見を書く	D) テキストに基づいて自由に意見を書く
第14回	書評を書く	これまで読んできた文章を一冊の本と考え、書評を書いてください。Amazonの書評に書きこむイメージでお願いします。	2) 自分の意見を書く	D) テキストに基づいて自由に意見を書く

5.1 課題の解答内容

本章において分析対象とした課題シートを「どんな内容を解答する課題か」という観点で分類すると、下記の3種に分類できる。

1) 読解した内容の理解について書く課題（第1、3、4、5、6、7回）
2) 読解した内容に関する自分の意見を書く課題（第10、11、12、13、14回）
3) テキストの内容に関連した定義や例を調べたり考えたりする課題（第2、8、9回）

表1を見ると、前半7回の「深く・正確に読む」ことを目的とした授業の課題シートは1）の読解した内容の理解について書くものが中心で（7回中6回）、後半7回の「批判的・創造的に読む」ことを目的とした授業の課題シートは2）の内容に関する自分の意見について書くものが中心であり（7回中5回）、授業全体の構成に応じた課題シートとなっている。また、前半、後半各7回の冒頭（第2回と第8、9回）の課題シートは3）の定義や例を自分で調べたり考えたりする課題シートとなっている。

本5.1では、学習者が課題シートの内容面についてインタビューでどのように言及しているかを、1）〜3）の課題シートの分類ごとに分析し、また、グループ・ディスカッションの談話がどのように進行しているかを見る。

1）読解した内容の理解について書く課題
　次の（11）は、学習者がインタビューで1）の自分が読解した内容について書く課題のプラス面を述べている部分である。

(11)（第4回「予測をする」）
学習者E：なんかこれは自分が次になんかしてるのを想像して、するんですから、なんかその<u>文章を読むときに、次に何がなんかくるんだろうみたいなのを考えるのに役に立つ</u>と思いますね。

　(11)の学習者Eは、第4回の文章の続きを予測するという課題について、次の内容を予測しながら読むことがテキストの内容理解の役に立つという点をプラス面として挙げている。(12)もプラス面を指摘している学習者の意見である。

(12)（第1回「キーワードを定義する」）
学習者Q：これが一番面白い授業だったと思います。
調査者　：どうしてですか。
学習者Q：たぶん、キーワード、これ、<u>全部みんなけっこうちがくて、うん…（笑）うん、これ面白かった。</u>（笑）
　　　　（中略）
学習者Q：こういうキーワードを考えたことはぜんぜんなかったので、文章でキーワードだけ、なんか、テーマの文章を、選ぶそういう経験はあるんですけど、キーワードで考えたことなかったので、これよかったと思います。簡単に、簡単ながら…核心、かくしん、え、日本語わからない。
調査者　：核心？
学習者Q：はい。
調査者　：こういうキーワードの重要性がわかったっていう。
学習者Q：はい。

（12）で学習者Qは、第1回の文章を読んでキーワードを考える課題を「一番面白い授業だった」と大変高い評価をしている。これまでにしたことがなかった「キーワードを考える」という活動をしたことで、その重要性に気づいたと指摘しており、(11)の学習者Eと同様に、読解に役に立つ課題であったという評価をしているものと考えられる。また、学習者Qは、「これ、全部みんなけっこうちがくて、」と、一人読みの後のグループ・ディスカッションの際に、グループの意見が違ったことにも言及し、それを高く評価している。本研究の分析対象とした授業の前半7回は「深く・正確に読む」ということを目的としていた。同じ文章を読んでも内容の理解の仕方は人によって異なる。学習者Qは、「正確に読む」という面だけではなく、他者が文章から理解した内容を聞いて、自分が理解した内容を見直すという「深く読む」ということもできており、授業の目的に合った活動ができていたと考えられる。
　一方で、1）の自分が読解した内容について書く課題のマイナス面を述べていた学習者もいた。次の（13）は、マイナス面を指摘した学習者Dのインタビューである。

（13）（第1回「キーワードを定義する」）
　学習者D：普通に読んでるときは普通に理解できたんですけど、なんかキーワードに意識を集中してしまうと、キーワードしか見えなくなってしまって、文章の全体が見えなくなってしまったんですよ。それでキーワードだけはなんとなく見つけたんですけど、なんか内容が、すぐわからなくなっちゃって、そうですね。むしろキーワードだとか、間違ってるとことか、そういうのに意識を集中しさせすぎてしまうと、文章、文章の理解力が落ちてしまう

調査者　：はい、わかりました。Ｄさんはいつも普通に文章を読んで、内容を全体的に理解する感じですか。
学習者Ｄ：あ、はい、そうですね。そういう感じで。普通に読んでたほうがずっと、ちょっと速いですし、そのほうが楽だと思って、はい。

　前の（12）で学習者Ｑが高評価をしていた第１回のキーワードを考える課題について、（13）の学習者Ｄは、設定された課題に集中するあまり、文章全体の理解が疎かになったことを指摘している。学習者Ｄも（12）の学習者Ｑと同様に、普段文章を読む際は「キーワードを考える」ことをしていないと述べているが、学習者Ｑとは違い、普段の自分の読み方とは違うことを課題として課されることで読みが妨げられると感じている。「正確に読む」ことを目的とした課題の場合、細部を正確にとらえることだけに集中しないよう、文章全体の理解も確認するなど、課題設定の工夫が必要であろう。また、課題の内容がグループ・ディスカッションの進行に影響を与える例も見られた。次の（14）は、第５回の授業において、学習者が各自一人で課題シートの課題に取り組み、その内容を持ち寄って行われたグループ・ディスカッションの談話データである。

（14）（第５回「キーセンテンスの連鎖を見る」）
グループ・ディスカッション group1
学習者Ｌ：で、三番目が、ま、「こうしたことは」。
学習者Ｋ：「こうしたことは」。
学習者Ｇ：私は、あの、一番最初の、「ジャンルはさまざまな要因によって…、強い力を持っている

のが伝達方法です」、と。
学習者L：うん、ああ、はい。
学習者G：「即興性、効率性、現場性、対人性の4つを話し言葉の特徴としてげん、規定し、こうした特徴は話しこ…、書き言葉には現れないとして話を進めてきました」と、「こうしたことは…示しています」。
学習者K：ああ。
学習者K：<u>一応、た、多数決で行きますか？</u>
学習者L：多数決…。
学習者K：多数決でしたら、その、「伝達方法」は、私とGさんですね。
学習者G：うん…、そう。
学習者K：でー、この「こうしたこと」は、3人？
学習者G：うん。
学習者K：あれ、もっと足りないんですね（笑）
学習者K：《沈黙14秒》同じ…。
学習者L：あー。
学習者K：大丈夫です、すみません。
学習者K：じゃやろっか。
学習者G：《沈黙10秒》じゃ、最後は、「伝達方法は」、から始まる文ですか？
学習者C：うーん。
学習者K：で、いいですか？
学習者G：これです。

　（14）のグループ・ディスカッションでは、グループとしての解答を決めるにあたって、「多数決で行きますか？」と学習者Kから多数決が提案され、その後Kが主導して、多数決で解答を決めている。一方で、次の（15）のように、グループのメンバーで議論した上で解答を決め

ようとしていた学習者もいた。

(15)（第1回「キーワードを定義する」）
学習者M：真のキーワードの部分は、みんなばらばらで、グループ・ディスカッション、はい。
調査者　：ちょっとなんかまとめるのが、
学習者M：まとめるのが、<u>ほかの人を説得した人の意見をまとめるしよう</u>というふうにしました。

　学習者Mは、グループ・ディスカッション全体については、「うん…グループ・ディスカッションの部分に、常に、みんなの意見をまとめることをなかなか難しいなと思いますね」と難しさを感じていたが、(15)のように第1回の課題については他の学生を説得できた意見を採用しようとしていたことを述べている。テキストの内容が理解できたかどうかを問う課題設定の場合は、(14)のディスカッションのように「正解」を求めて答え合わせのような形の議論になる恐れがあるが、中には、学習者Mのように議論をしようとしている学習者もいることがわかった。答え合わせのような議論にせず、他者の読みを聞いて自分の読みを深める「深く読む」という目的に沿ったグループ・ディスカッションにするためには、解答だけでなく、その理由も合わせて課題シートに書かせるようにするなどの工夫が必要であると思われる。
　以上、1) の自分が読解した内容の理解について書く課題の場合は、細部を丁寧に読むことで読解の役に立つと感じる学習者がいる一方、全体がわからなくなると感じる学習者がいた。また、議論が答え合わせのようになりやすいという傾向があり、課題シート作成の工夫が必要であることがわかった。

2）読解した内容に関する自分の意見を書く課題

（16）（17）は、2）の自分の意見を書く形の課題のプラス面を、学習者が述べた部分である。

(16)（第10回「疑問点に反論する」）
学習者Q：やっぱり批判的な読解を体験できる授業だったと思います。クリティカルな思考？ 面白かったです。これも、けっこうみんな意見が違って、さっき言ったように。みんなの疑問点を聞くのも面白かったし。
調査者　：じゃ、この授業でやったことはQさんにどんな影響とか与えましたか。
学習者Q：文章をやっぱり批判的に読む態度、を持ったほうがいいなとは思いました。

(17)（第10回「疑問点に反論する」）
学習者U：うん、これも面白いです。あのう、やっぱり自分が考えた疑問点と皆さんが考えていた疑問点がぜんぜん違かったから、あ、この人はこのように考えるんだなというように、この、考えるんだなということと、あのう、なんというか、あ、同じ文章を読んだのに、この人はこの部分に重点を置いて、考えることができたな、まあこういうように考えることができました。

（16）の学習者Qは、文章を読んで感じた疑問点に対して反論するという第10回の課題に関して、他の学生の意見を聞けることをプラス面として挙げており、さらに、批判的に文章を読むことの重要性を感じたと述べている。また、(17)の学習者Uも、第10回の授業を通じて、同じ

文章を読んでも人によって読み方が違うことについて考えられるようになったことに言及している。自分の意見を書く課題の場合、グループ・ディスカッションでは他の学生の意見を聞くことができ、そのことが多様な読みを知って、自分の意見を深められるというプラスの評価につながっている。次の（18）は、第10回のグループ・ディスカッションの談話データである。

(18)（第10回「疑問点に反論する」）
グループ・ディスカッション group2
（意見を述べ合う発話が271続いた後）
学習者T：(笑)
学習者D：<u>じゃ、整理してみましょうか。</u>
学習者T：ね。
学習者V：お願いします。
学習者D：んー。
学習者T：じゃ、1は、、
学習者D：1は。
学習者T：これでいいと思いますよ。
学習者D：はい。
学習者D：でー。
学習者T：わかりやすい。
学習者T：ひ、全部一つにして。
学習者D：全部一つ（笑）。
学習者T：あはは（笑）。
学習者K：(笑) 一つ。
学習者D：ちょっと大変ですね（笑）。
学習者T：や、そのままでいいよ。
学習者V：大事なところだけに絞って。
学習者T：ここに1書いて。
学習者K：はい。

(18) のグループ・ディスカッションでは、グループの4名の学生が各自の意見を述べ合った後で、学習者Dが「じゃ、整理してみましょうか」と言い、誰か一人の意見に決めるのではなく、全員の意見を整理してグループとしての解答を作ろうとしている。2) の自分の意見を書く課題では、1) の読解した内容について書く課題よりも多数決に頼らずに、議論をした上でグループの解答を決めようとする傾向が強い。

　また、次の (19) は、学習者Qが (16) とは別のプラス面に言及している部分である。

(19)（第12回「自分の関心を説明する」）
学習者Q：一生懸命読みました。これ探すために。ぜんぜん面白くない文章だったんです。<u>面白い点を探すために。</u>
　　　　（中略）
調査者　：ああ、じゃ、ええと結局まあ、一生懸命に探し出して、それが面白いと思いますか。その文が。
学習者Q：はい、けっこうみんなの意見も聞いたら、けっこう面白い文章だったな（笑）

　(19) で学習者Qは、自分が面白いと思った文を抜きだすという第12回の課題に関して、他の学生の意見が面白かったということだけでなく、面白い点を探すために、自分にとって面白いと感じられなかった文章を一生懸命読んだとも述べている。自分の意見を書く形の課題シートに取り組むことが一人読みの段階のモチベーション向上にもつながったと考えられる。

　一方、次の (20) は、2) の自分の意見を書く課題のマイナス面に言及している例である。

(20)(第10回「疑問点に反論する」)
学習者L：なんでしょうね。普通に疑問という、疑問に感じたこと実際私なんかあんまり書けなかったですね。はいはい。
調査者　：じゃ、何を書きましたか。
　　　　　（中略）
調査者　：あのう、そうですね。無理やりに探した感じですか。
学習者L：あ、まあ、はいはい。
　　　　　（中略）
調査者　：じゃ、こういう授業、この授業をすることによって、Lさんになんか影響を与えましたか。
学習者L：あ、重要だという感じがやっぱ思いますね。いや、<u>私の能力が足りないという実感</u>。ああ、悲しいですね。

　(20)で学習者Lは、文章に疑問を持ち、批判的に読むことが重要であることは認めているが、文章に対する疑問が思いつかず、自分の能力不足を実感したと述べている。2)の読解した内容に関する自分の意見を書く課題の場合、(16)～(19)のように各自が意見を出し合って、多様な意見を聞くことで議論を深めていくことができる一方、学習者Lのように、一人読みの段階で自分の意見を持つことができなかった学習者にとっては、グループ・ディスカッションの議論に参加しづらくなってしまう。ただ、学習者Lは、第11回「代替案を考える」の課題については、(21)のように述べている。

(21)(第11回「代替案を考える」)
学習者L：ああ、これはちょっと、意見、まあ読んで、あのう<u>自分の意見がはっきりしてたんで</u>、ま

あけっこうよかったという、自分的には、それを、まあ、あのうやさしく、まあ簡単にやったわけではないですけど、<u>そんな難しくも思っていなかった</u>ということで、(以下、略)

　学習者Lは、第11回の課題については、「自分の意見がはっきり」しており、「そんなに難しくも思っていなかった」と述べている。第10回の「疑問点に反論する」という課題よりも、第11回の「代替案を考える」という課題のほうが答えやすかったものと思われる。個々の学習者が議論に参加しやすくなるように、多様な意見が出しやすく、より具体的な内容の課題を設定をする必要があるだろう。
　以上、2）の読解した内容に関する自分の意見を書く課題は、他者の意見を聞けることで、学習者がピア・リーディングの意義、楽しさを感じることができるというプラス面がある一方で、自分の意見が持てず、グループ・ディスカッションの議論に参加できなかったり、参加してはいても自分の力不足を感じている学習者がいることがわかった。

3）テキストの内容に関連した定義や例を調べたり考えたりする課題
　3）のタイプの課題についても、2）の自分の意見を書く課題と同様に、他者の意見を聞くことができるというプラス面が指摘されていた。

(22)（第8回「事例を収集する」）
　学習者E：なんかみんなそれぞれなんか知ってる、その、隠れた、言葉とか、若者言葉を、<u>なんかみんなそれぞれ違ったんで、なんかいろんな</u>

単語を知ることができたし、（中略）なんか楽しかったですね。

　（22）の学習者Eは、第8回について、他の学生が挙げた事例を知ることができたことをプラス評価し、楽しかったと述べている。次の（23）は、（22）とは別のプラス面に言及している例である。

（23）（第9回「参考文献を探す」）
　学習者F：やっぱり読んだ文章をもう一度読んで、することだったので、最初に読むときは、考えてなかった、理解できなかったこともこのとき理解できたと思うので、役に立つと思います。

　（23）の学習者Fは、参考文献を探すという課題を、読解に役に立つと評価している。
　一方で、学習者Fは、第8回の若者言葉などの事例を収集する課題については、（24）のように、読解の要素がなかったと指摘している。

（24）（第8回「事例を収集する」）
　学習者F：読解、うん…読解は、なんかわからないですね。読解よりこれは、会話のほうに、の形じゃないかなと思いましたよね。
　調査者　：この授業でたぶん読解の要素があんまり。
　学習者F：あんまりなかったと思います。

　また、Fとは違い、第9回の「参考文献を探す」課題が読解に役に立たないとした学習者もいた。

(25)（第9回「参考文献を探す」）
　学習者Ⅴ：読解にはあんまり役に立たなかったと思うんですね。どうしてかというと、理解するより、自分の意味をつけることで、作文に、役に立つと思いますね。

　(25)で、学習者Ⅴは、第9回の課題が読解ではなく作文に役に立つものだと述べている。
　3）のテキストの内容に関連した定義や例を自分で調べたり考えたりする課題については、他の学生の意見を聞けるというプラス面があり、課題の内容を読解に必要な能力だと感じる学習者にとっては有効な課題である。しかし、読解に必要なことをしていると感じられない学習者もおり、課題の内容と読解との関係を周知するなどの工夫が必要であると考えられる。

5.2　課題シートの解答形式

　分析対象の授業では、課題シートの解答形式に下記の5種があった。

　A）テキストの空欄に入るものを書く課題（第3、4回）
　B）テキストの語句や文を選ぶ課題（第1、5、12回）
　C）テキストの内容をまとめる課題（第6、7回）
　D）テキストに基づいて自由に意見を書く課題（第10、11、13、14回）
　E）テキストに関わる事例を書く課題（第2、8、9回）

　授業前半の中心となっている「1）内容の理解について書く課題」については、解答形式に、「A）テキストの空欄に入るものを書く課題」「B）テキストの語句や文を選ぶ課題」「C）テキストの内容をまとめる課題」のバリエ

ーションがあった。一方、授業後半の「2) 自分の意見を書く課題」は、第12回のみ「B) テキストの語句や文を選ぶ課題」で、他はすべて「D) テキストに基づいて自由に意見を書く課題」であった。「3) テキストの内容に関連した定義や例を調べたり考えたりする課題」については、解答形式のバリエーションはなかった。ここでは、A、B、Cの形式を中心に、課題シートの「解答形式」について分析する。

　まず、「A) テキストの空欄に入るものを書く課題」の場合、空欄の大きさによって学習者の意見が分かれた。空欄に接続詞を入れる課題（第3回「接続詞を入れる」）については、「グループの人もけっこうみんなばらばらで、そうですね。よく分からなかったです」（学習者G）のように、インタビューでグループのメンバーの解答が分かれていたことに言及する学習者が多く、グループ・ディスカッションは多数決でグループとしての解答を決めるような形で進められていた。それに対して、第4回「予測をする」の場合は、空欄に何を入れればいいかわからず、難しさを感じる学習者が多かったが、グループ・ディスカッションでは議論が活発に行われていた。「A) テキストの空欄に入るものを書く課題」は、語句を入れる空欄を設定すると、いくつかの解答の可能性の中から選択する形になり、答え合わせのようなディスカッションになる可能性がある。しかし、空欄を大きく設定することにより、自由記述の解答形式になり、活発な議論につなげることができる。上記2回のグループ・ディスカッションが実際にどのように進められていたかについては、第4章の胡論文で分析している。

　次に、「B) テキストの語句や文を選ぶ課題」の場合も答え合わせのような議論になる例が見られた。また、第5回「キーセンテンスの連鎖を見る」の「もっとも重要な文を3文、重要な文を12文抜きだす」という課題と、第12回

「自分の関心を説明する」の「自分にとって面白い文と感じた文を2～3文抜きだす」という課題は、「文を抜きだす」という作業自体は同じだが、第12回のほうが「楽しかった」「面白かった」という意見が多かった。解答内容の分類では、第5回は「1）内容理解を問う課題」、第12回は「2）自分の意見を書く課題」である。解答形式にかかわらず、自分の意見を書く課題のほうが、学習者が積極的に取り組むことができ、議論も盛り上がるといえよう。

「C）テキストの内容をまとめる課題」については、読解したテキストの文章構造図を書くという課題（第6回「文章構造図を書く」）に対する肯定的評価が多く、「そうですね。構造図のほうは、さっきのキーワードや文章探しよりは、絵で書いて、内容がよく頭の中にまとまったと思います。（中略）内容が、ほかのやり方より、よく頭の中に残ったと思います」（学習者D）のように肯定的に評価されていた。また、グループ・ディスカッションでも、各自の図を見ながら、テキストの内容に関する話し合いが行われていた。文章以外の、学習者が書きやすい形で書ける課題シートを準備するのも、活動を活発にする一つの方法だと考えられる。

「D）テキストに基づいて自由に意見を書く課題」は、議論が活発になる一方で、学習者のインタビューの中で、課題の難しさへの言及が多かった。第6回の文章構造図のように、文章ではなく、図などで解答する形式にしたり、家で事前に準備ができるようにするなど、難しくてついていけない学習者が出ないような配慮が必要であろう。

「E）テキストに関わる事例を書く課題」は、すべて「3）テキストの内容に関連した定義や例を調べたり考えたりする課題」にあたる。5.1で述べたように、この課題には、他の学生が紹介した事例を知ることができるというプラス面がある一方で、読解の課題だと感じられないというマイ

ナス面がある。読解の課題としての意義をきちんと伝えることが必要になる。

また、次の（26）は、解答形式ではなく、課題の問題数についての言及である。

(26)（第5回「キーセンテンスの連鎖を見る」）
学習者G：これは難しかったです。なんか12文っていうのは、なんかどう、自分がやっぱり流れ的に、選ばなければいけない文章というのはあって、それがでも、<u>12文、12という数字に合わせるのはちょっと難しかったです</u>。はい。
調査者　：自分が選んだのは12より少ない。
学習者G：少ないですね。残りの文何を選べばいいかわからない。

第5回の課題は、読解した文章のもっとも重要な文を3文、重要な文を12文、合わせて15文を抜きだすというものであった。この課題で解答しなければならない文数について、学習者Gは多かったと述べている。学習者や作業時間に応じた課題の量の調整が必要となろう。

6 考察と提言

ここでは、前節までの分析に基づいて、①テキストの内容・難易度、②テキストの長さ、③課題シートの解答内容と解答形式について、提言を行う。

6.1 テキストの内容・難易度と長さ

今回の分析対象の授業で扱った学術的なテキストについて、テキストの内容である社会言語学の分野や文章に挙げられている用例に関心がある学習者は「面白かった」とい

う意見を述べていた。学習者が意欲的にピア・リーディング授業に参加できるようにするには、学習者が関心を持っている内容のテキストを選ぶとよいといえる。舘岡（2007）は、学習者から読みたいという希望があったテキストを用いた実践例を紹介している。学術的な文章の場合は、授業目的に即した文章を選ぶために、教師側が選定せざるを得ないこともあるだろうが、学習者と一緒に読む文章を選ぶことも一つの方法であろう。

　一方で、学術的な内容であることからテキストが難しかったという意見を述べる学習者もいた。ピア・リーディング授業で読むテキストとしてどんなジャンルの文章を選ぶかということは授業の目的によるが、学術的な文章を使う際は、その難しさに対する配慮が必要であるといえる。テキストが難しかったと言っていた学習者も、具体例が豊富で、平易な表現、文体で書かれているテキストだったので内容を理解することができたと述べていた。難易度に配慮したテキスト選定のポイントとしては、「学習者の理解の助けになるような具体例が含まれているか」「平易な表現、文体で書かれているか」が挙げられる。特に、後者については、専門用語以外の語彙も含めた表現や文体を学習者に応じたレベルにする必要がある。一つの例として、学術的な内容を扱った一般向けの入門書や新書を読むことが考えられる。また、テキストを読む前に、具体例を使った導入を行ったり、語彙リストを配布したりすることも学習者の助けになるであろう。

　次に、テキストの長さについては、ピアの活動に入る前に、学習者全員が読み終わることができる長さが必要ということになるであろう。しかし、学習者によって、読む速さは異なる。一つの対応策は、先行研究でも述べられているように、事前に家で読んでくることである。しかし、その場合、家で読まずに授業に来る学習者が出てくることも

考えられ、学習者によって、ピアの活動の事前準備に差が出る可能性がある。

　授業時間内に読む場合には、授業のはじめのほうは短めの文章にして、学習者の様子を見て、徐々に長くすることが考えられる。インタビューにおいても、複数の学習者が「慣れ」によって次第にテキストを読めるようになったと述べている。しかし、必ずしも、長い文章がいけないというわけではない。学習者のインタビューでは、文章が長くて時間がないときは、大事なところだけを読んだという意見も複数見られた。要点をつかんだ速読というのは、ピア・リーディングに限らず、学術的な文章を読むときには必要な技術であろう。教師からそのような読み方を提示して、長めの文章に取り組むこともできると考えられる。

6.2　課題シートの解答内容・形式

　課題シートの解答内容については、自分の意見を書く課題のほうがグループ・ディスカッションが活発になっていた。学習者のインタビューでは、「他の人の意見を聞くこと」の面白さや楽しさへの言及が多く、意見やテキスト外の知識を書く課題シートにして、グループ・ディスカッションで意見交換ができるようにすることで活動を活発にすることができると考えられる。テキストの内容理解の課題が必要な場合は、表面的な話し合いに留まらないよう、解答の理由も書き込むシートにするなどの工夫が必要である。

　また、課題シートの解答形式は、学習者が自由に記述できる形のほうが活動が活発になる。空欄を埋める形式やテキストから語句や文を抽出する形式であっても、空欄を単純に語句を入れるものにせず大きくしたり、テキストを読んで自分が感じた面白さなどを抽出の基準にしたりすることで、活発な議論につなげることができる。また、文章

構造を図示させるような課題を織り交ぜることで、ディスカッションを活性化させることも可能になろう。

7 まとめ

　本章では、ピア・リーディング授業で読むテキストの選定と読解課題の作成について検討を行った。以下、冒頭で示したリサーチ・クエスチョンに順に回答する。

　・RQ1：読解対象とするテキストの難易度、長さをどう設定すべきか。

　テキストの難易度については、学術的文章は、特に専門外の学習者にとって難しいが、「学習者が理解しやすい具体例がある」文章、「平易な表現、文体」の文章を選定することで、学習者が読んで理解することができる。
　一方、テキストの長さについては、学習者の能力に応じて調整する必要があるが、大事なところを拾って読むような「読み方の工夫」を提示することで学習者にとって長い文章でも活動が成り立つことがわかった。

　・RQ2：読解課題の解答内容、解答形式をどのように設定すればピア・リーディングが活性化するか。

　読解課題の解答内容については、テキストの内容理解を問う課題は、その他の内容の課題よりも答え合わせのようなグループ・ディスカッションになり、多数決も行われる傾向が見られた。また、細部を丁寧に読むことで読解の役に立つと感じる学習者がいる一方、全体がわからなくなると感じる学習者がいた。テキストの内容理解に基づいた学習者自身の意見を問う課題や、テキストの内容に関連した

定義や例を自分で調べたり考えたりする課題については、学習者は文章に関連する知識の不足から難しさを感じる一方で、面白さ、やりがいも感じていた。

　読解課題の解答形式については、接続詞のような語句を補充する課題は、学習者が取り組みやすい一方で、答えが多数決で決められる傾向があった。課題に基づいたディスカッションが答え合わせのようになってしまうなど、一人読みの課題が簡単にできることが、必ずしもディスカッションを効果的にするものではないことが示唆された。空欄に入れるものを書く課題であっても、一文または複数の文を入れる課題の場合は、解答の自由度が高まり、難しさを感じる学習者が増える一方、グループ・ディスカッションでの議論は活発になっていた。図を書く課題は、学習者から肯定的にとらえられており、議論も活発に行われていた。

参考文献

霍沁宇（2015）「『三つの対話』を用いた読解授業における日本語上級学習者の読み方の意識変容プロセス」『日本語教育』162, pp.97–112.

神村初美（2012）「大学院での専門日本語教育にピア・ラーニングを用いる可能性―日本語教育学専攻での三年間に渡る調査授業に対する学習者評価の視点から」『日本語研究』32, pp.85–99.

胡方方（2016）「日本語学習者のグループ・ディスカッションに見られる合意形成のプロセス―ピア・リーディングの談話データをもとに」『一橋日本語教育研究』4, pp.127–136.

砂川有里子・朱桂栄（2008）「学術的コミュニケーション能力の向上を目指すジグソー学習法の試み―中国の日本語専攻出身の大学院生を対象に」『日本語教育』138, pp.92–101.

舘岡洋子（2007）「ピア・リーディング」池田玲子・舘岡洋子編『ピア・ラーニング入門―創造的な学びのデザインのために』（第5章）pp.111–146.　ひつじ書房

関正昭編・平高史也編著・舘岡洋子著（2012）『読解教材を作る』スリーエーネットワーク

田中啓行（2017）「学術的文章のピア・リーディングにおける読解課題の設計に関する一考察―課題の形式に対する学習者の評価から」『埼玉大学紀要（教養学部）』52(2), pp.209–220.

バークレイ,E.・クロス,P.・メジャー,C.（2006）『協同学習の技法——大学教育の手引き』（安永悟監訳）ナカニシヤ出版（Elizabeth F. Barkley, K. Patricia Cross, & Claire Howell Major (2005) *Collaborative Learning Techniques: A Handbook for College Faculty*. John Wiley & Sons, Inc.）

第3章
グループの編成
グループはどんな学習者を
組み合わせるのがよいのか

志賀玲子

「相互理解」を究極の学習目標とした場合、ピア・ラーニングによってそれは達成されるのでしょうか。また、その際、どのようにグループメンバーを組み合わせ、何人の編成にするのがよいのでしょうか。「相互理解」が効果的に進められる活動を目指すにあたり、どのようなグループ編成が適しているのかを検討します。

1 はじめに

　あらゆる教育現場において、ピア・ラーニング、グループ学習、アクティブ・ラーニング等の用語が飛び交っている。日本語教育の現場においても同様である。これらの方法がよい効果をもたらすであろうと信じて積極的に採用する教師もいるであろうし、試してみたいと思いつつも踏み出せない教師もいるであろう。試した結果うまく進められた感触を得た教師もいるであろうし、失敗したと感じた教師もいるにちがいない。
　この章では相互理解を促進するためのグループ編成という観点からピア・ラーニングに迫ってみたい。
　ピア・ラーニングは、グループ学習の一つであると一般的に考えられている。しかし、適当にグループ編成をし、形だけのグループ学習をしたのでは、ピア・ラーニングと

は言えない。ピア・ラーニングというのは単なる学習方法（指導方法）ではなく、その方法を通じて学習者にどのような力を獲得してもらいたいかという教育理念だと考えたほうがよいだろう。教育理念を実現させるための一つの手法としてピア・ラーニングが存在すると考えてほしい。本章では相互理解を促進するという視点から、効果的なグループ編成について検討していきたい。

1.1　グループ学習とは何か

　近年、日本語教育に限らず多くの教育現場等において、グループ学習がスポットライトを浴びている。改めて、グループ学習とは何か、ということから考えてみよう。

　『新教育学大事典』（細谷・奥田・河野・今野編1990: 558）では、グループ学習は「集団過程や集団における相互作用など、学習の集団的な側面を強調する学習形態の総称である」とされる。しかし、これでは範囲が広すぎ学習形態を表す言葉としては適切ではないということから「今日では一般的に小規模集団における学習形態を中心にしてグループ学習ととらえることが多い」と説明する。

　グループ学習を行う意義としては、「学習姿勢を能動的・積極的にしようとするだけでなく、生徒の様々な考え方をグループ学習を通して互いに検討することにより、思考の拡大と深化が図られると期待されるからである」と述べられている。

　さらに「授業実践において、グループ学習は、しばしば一斉授業に伴いがちな形式的・受動的な学習形態を活性化させる手段として位置づけられる」とのことである。

　岩崎（2000）は「近代公教育はすべての子どもたちに共通の知識や価値観を教えるという社会的必要のうえに成り立っている。そして学校・学級制度はそれを一定の時間内に与えるという教授・学習を効率的に実現する組織とし

て、発達していた」(岩崎2000: 74)と述べ、科学技術や社会文化の発展とともに、共通教育と真に学びたいこととの間にズレが生じてきてしまっていると指摘する。そうした中、教育そのものの在り方を見直そうとの機運が高まってきたのは、時代の要請と言っても過言ではないだろう。

　こうした流れの中で、一斉授業では対応できない側面を補うという役割もあり、グループ学習が以前にもまして脚光を浴びるようになっていると考えられる。

1.2　グループ分けの課題

　グループ活動をより効果的に実施するには、どのようにグループを構成し授業を進めていくかがポイントとなるであろう。

　三田地 (2016) は、「グループメンバー構成をどうするかというのもグループワークの成否を決める大きなポイントである。学生に自由に組ませるのか、教員が決めるのか、教員が決めるときはランダムに決めるのか、何かの基準で決めるのか」、さらに「いずれの場合も重要なのは、その場のゴールに合致した分け方なのか？ということである」(三田地2016: 13)と述べている。

　三田地 (2016) に従うと、グループ編成に関して主に考えるべきことは、「グループ編成方法」と「ゴールとの合致」の2点にまとめられる。

　上記二つ目のポイントにある「ゴール」という点に関しては、日本語教育スタンダード (国際交流基金2017) が掲げる「相互理解」として、ここでは進めていくこととする。これは、昨今の日本語教育が共通理念として掲げる大きな目標である。大きすぎるという批判もあろうが、理念ということから考え、多くのケースや場面を網羅するもの、さらに異論が出にくいものとして、便宜上、本章でのグループ活動のゴールとしたい。相互理解の必要性については今

更ここで述べるまでもないが、グローバル化が進む中で追求されている多文化共生社会実現のための基本的な要素であることが挙げられる。

1.3 リサーチ・クエスチョン

グループ編成について注意すべきポイント2点のうち1点「ゴールとの合致」に関しては既に述べた。ピア・ラーニングを通して学習者同士の相互理解が進められているのかという点を、本章での一つ目のリサーチクエスチョン（RQ）とし、具体的には第4節において検討していく。

そして、グループ編成において注意すべきもう一つのポイント「グループ編成方法」について、実際にどのように行っていくべきかということを二つ目のリサーチクエスチョン（RQ）とし、第5節において検討していく。効果的に授業を導くためにはどのような編成をすればよいのか、人数は何人がよいのか、ということについて考えたい。その際、編成方法は固定せず、時間経過による変更もあり得るという視点で見ていく。

- RQ1：ピア・ラーニングを行うことによって、学習者同士の相互理解は深まるのか。深まるとしたら、どのように深まるのか。
- RQ2：相互理解を促進させる授業を行うには、ディスカッションのグループを何名で編成し、どのようにメンバーを組み合わせればよいのか。

2 先行研究と本調査の位置づけ

2.1 グループ学習の先行研究

ピア・ラーニングはグループ学習に含まれるものであるが、日本語教育においてどのようなグループ学習が取り入

れられてきたかについて振り返る。

　まず1990年代には、コミュニカティブアプローチの浸透からか、プロジェクトワークの実施が多く報告されている。「プロジェクトワークとは、学習者が学習者同士で話し合って計画をたて、実際に教室の外で日本語を使用してインタビューや資料収集、情報収集などの作業を行い、作業の経過を1つの制作品（報告書、発表、ヴィデオなど）にまとめる共同作業形態の学習活動である」（倉八1993）と定義されている。さらに「プロジェクトワークが調査発表への学習意欲を喚起することによって学習成果を高め、この学習成果がさらなる日本語学習への肯定的態度をもたらす」（倉八1994）と述べられている。

　得丸（1998）は、エンカウンター・グループの応用という位置づけで、作文の交換活動を報告している。これは名称こそ違えど、ピア・レスポンスと同様のものだと考えられる。留学生と日本人との作文交換について報告しているが、当初躊躇していた留学生も徐々に積極的に参加するようになり、日本人との心理的交流を体験したことが明らかにされ、「異文化教育と日本語教育のふたつの面で効果を上げ得ることが示された」と述べている。

　さらに2000年以降、日本語教育学会誌において、「ピアフィードバック」（村田2004）、「ピア・レスポンス」（原田2006, 岩田・小笠2007, 大島2009等）等、ピアというワードを含んだ論文が増えてくる。

　上で挙げたプロジェクトワークとピア・ラーニングとの違いは、先行研究の中で明確に指摘されているわけではない。しかし、プロジェクトワークでは、「体験」「協力」を通して「成果物」を作るという外向きのベクトルを重視しているのに対して、ピア・ラーニングでは、「気づき」「振り返り」「内なる変化」という内向きのベクトルにフォーカスが置かれているのではないかと考えられる。

本章では、いわゆる広い意味でのグループ活動とピア・ラーニングとの違いの一つとして、学習結果が外部に向かうベクトルを重視するのか、内部に向かうベクトルを重視するのかで区別する立場をとる。

2.2 ピア・ラーニングの先行研究

ピア・ラーニングのメリットとしては、既に、「リソースが増える」「理解深化が促される」「社会的関係性の構築への学びや学習への動機づけなどの情意面でのメリット」（池田・舘岡2007: 57）が挙げられている。本章では先に掲げたゴールを考え、上記のうち三つ目のメリットを特に重視する。語学教育としての効果から逸脱した視点であろう。ほかに、協働学習の一種であるジグソー学習法を日本語教員養成に取り入れた有田（2004）、同じくジグソー学習法を中国の大学院で実践し報告した朱・砂川（2008, 2010）、ジグソー学習の採用により通常教室内で弱者となっていた学習者が責任感を持ち主体的に活動に参加するようになった様子を報告した志賀（2011）等がある。ともに、「語学教育」としての成果というより、異文化受容、ものの見方、積極的な態度、他者への配慮などの変容に焦点を当て、より大きな視点での学習者の変化を報告している。ジグソー学習法は、1978年に米国のエリオット＝アロンソン氏が提唱した方法（Aronson et al. 1978）であるが、この方法を読解教育にアレンジしたものがピア・リーディングの一方法として舘岡（2005）でも紹介されている。

2.3 本研究の独創性と意義

ピア・ラーニングを含めたグループ学習は、教師の一方的な授業からの解放という側面を持っていることから、学習者の主体性に任せる部分が多い。つまり、教師があまり介入しないところで進められていく。そのため、学習者同

士にどのような相互作用が起きているのか、あるいは、学習者個人の中にどのような変化が生じているのかということが見えにくい。

　従来のグループ学習は、協力しながらの目標達成やその参加姿勢を強調しており、外からでも観察可能な部分が多く存在していた。ピア・ラーニングは、協働学習を通じて自らの思考や考えに働きかけるということから考え、より内向きのベクトルを求めている。外からは捉えにくいものであるが故に、学習者同士、あるいは学習者自身に起きている現象を実際のデータから分析することがより一層求められる。

　本章のもととなるデータは、学習者の振り返りインタビューを文字化したものである。ピア・ラーニングにより引き起こされた学習者の内なる変化の言語化・可視化という点で意義あるものとなろう。

3 分析対象のデータと分析方法

3.1 分析に使用するデータ

　使用したデータは、学習者に対して行った数回にわたるインタビューを文字化したものである。

　分析対象となった授業には、22名の学習者が参加した。母語別に見てみると、韓国語11名（うち女性7名）、中国語5名、ポルトガル語3名、アラビア語1名、英語1名、ロシア語1名である。このクラスを共同体と見立てると、マジョリティである韓国語母語話者が全体の半分を占めているということになる。今回、このマジョリティの中のマジョリティである韓国語母語話者女性7名（学習者B、E、F、G、N、P、Q）を中心に分析を進めた。7名に対してそれぞれ行ったインタビューからわかったこと、さらに、このうちの3名（学習者B、E、F）とポルトガル語母語話者男性1

名（学習者A）の4名がグループ構成員として協働活動を行ったことに関する言及部分も分析データとした。

学習者にどのような変化が生じたか、そして活動自体が相互理解というゴールを目指しているかについて見ていく。

さらに、効果的な活動のためのグループ編成について検討していく。

3.2 分析のフレームワーク

「相互理解」とはすなわち「異文化理解」と言えるだろう。そしてそのような力を育む教育を「異文化間教育」と、一般的には呼んでいる。

「異文化間教育」には時代やビリーフにより様々な解釈が成り立つが、ここでの意味解釈としては、「国家・民族間に限定した集団類型の特徴や傾向を学ぶことでは決してなく、むしろそうした集団類型を超えて、どのように人と人が理解しあえるか／しあえないかを考える場を形成すること」（細川2015: 57）としたい。

フランシス＝カルトン（2015）は、「異文化間教育を通じて学習者は、他者を認め、自らの心を開き、他者の考え方に思いを巡らせ、『自分の見方が唯一の見方』という思考から抜け出し、他者は異なっているとの考え方を受け入れ、その違いも正しいものと理解できる」（カルトン2015: 10）と述べている。この現象がピア・ラーニングを通じて学習者の中に起きていることが明確になれば、活動は先に掲げたゴールに向かっていると解釈できる。「自分の見方が唯一の見方」というのは、人は知らず知らずのうちに自分の価値観で物事を判断してしまうものだが、通常それに気づかないということであろう。さらにカルトン（2015）は続ける。「他の文化に属する人と接するだけで、開かれた態度や寛容性を育むことはできない」（カルトン2015:

11)。意識的な接触およびそこでの意見交換が、異文化理解を育むために必要だということである。

　学習者の中で起きた変化を観察する視点として、上記カルトン（2015）による異文化間教育の成果を参考に、①他者を認める姿勢、②他者の立場への寄り添い、③自己変容の受け入れ、④「自分の見方が唯一の見方」という思考からの脱出、⑤状況の客観視、という5点を据える。

　さらに、ピア・ラーニングによって参加モチベーションが促されているかどうかを見る視点として、⑥意見表明に対する意識形成、という点も提示する。

4 分析結果

4.1 他者を認める姿勢

　学習者の言葉からは、異なる文化背景を持つ学習者とのディスカッションを通して他者の考え方を明確に認識した事実が語られる。

（1）
学習者F：今までたぶん韓国人だけのこう考えを持ったと思うんですけど、（中略）、ヨーロッパの人たちと中国の人たちは、こういう考えをするんだっていうのは本当になんか深く感じました。

　学習者Fは、これまでの自己の考え方を振り返った上で、他文化の人との接触により自己に生じた認識の変化について述べているが、その中で他文化の学習者の意見を「深く感じる」と表現している。他者の意見を認めるという経験を、この場でしていることがわかる。

　また、違いを楽しむ姿勢や、自分の立場からは思いつか

なかったことが他者から出てきたことへの新鮮な驚き等も、学習者の口から語られている。

(2)
学習者B：あ、はい、おもしろかったです。なんかみんな違って（中略）その理由も様々だったんで、やっぱり興味があるおもしろいと思った文はみんな違うんだなと思いました。

(3)
学習者G：韓国人としては、思いつかなかったところを違う国の人からは思っていたとか、そういうのは、そのときはちょっと感じました。

以上の例のように、学習者は、異なる文化背景を持つ人との接触および意見交換によって改めて他者を認識し、それぞれの違いを認めるという経験をしていることが観察された。

4.2　他者の立場への寄り添い

相互理解のために身につけるべきことに、他者の立場に立ち、他者からの視点で物事を考える想像力も指摘したい。この力は、まさに自然に身につくものではなく、経験、訓練から獲得するものであろう。以下、協働活動の中で学習者が他者の視点について考える体験をしている事例を挙げてみる。

(4)
学習者F：これは［学習者A］と一緒にやったんですけど、でもあのう、同じグループだった韓国人のみんなはなんか自分の、相手のことを考えて、なんかこれを分けたりしたんですけど、

> [学習者A]は、こう自分の視点でこう分け たりしてたので、それがすごくおもしろかっ たです。

　学習者Aは、ポルトガル語母語話者の男性である。学習者Fは、グループ・ディスカッションにおける学習者Aの発言を分析し、その視点について考察している。自分とは違う視点の持ち方に思いを馳せることは、すなわち、他者の立場に寄り添い想像することである。相互理解に欠かせない経験である。
　さらに、学習者Fは、日常生活における多角的視野の獲得にも言及している。

(5)
　学習者F：自分だけ、自分の中で意見をまとめて、自分だけの考えでこう、文を見てたので、たぶんこう、文章の内容そのまま受け入れなかったこともあったと思いますけど、最近はなんか、あ、こういう人たちはどう考えるのかな、いろんな視点でこう本を読んで、それを考えるようになって、（中略）日本の記事なんか、ニュースを見ても、韓国人の私はこういうなんか、不愉快な記事があったりすると、あ、私は、こう受け入れるんだけど、日本人とか、韓国のなんか、韓国と日本人じゃない、他の国の人たちはどう思えるのかなっていうのは考えるようになりました。

　これこそ、異文化の人たちと実際に交わりながら活動する中で培われていく、相互理解のために必要な視点の獲得ではないだろうか。多角的な視野に立ち、他者の立場に寄

り添う姿勢を獲得する様子が観察できる。

4.3　自己変容の受け入れ

相互理解に必要な要素として、自己開示というものがあるが、それは他者に対して自己の内面を晒すということと同時に、他者の意見を受け入れ柔軟に対応し、自らの変容を素直に認めるということも含まれるであろう。

(6)
学習者F：私、自分が思ってない、なんか自分がぜんぜん考えてなかった意見も聞けたので、それはよかったと思います。<u>それを聞きながら自分のなんか新しい考えをなんかできたので、楽しかったです。</u>

他者との違いを楽しみ、受け入れ、自ら取り入れていく態度が現れている。自己変容を受け入れている様子にほかならない。このようなオープンで柔軟な姿勢が相互理解を進めるには欠かせないであろう。

4.4　「自分の見方が唯一の見方」という思考からの脱出

他者と認めあう姿勢で欠かせないのが、自分の考え方・見方が唯一絶対のものであるという思考からの脱出であることは言うまでもない。唯一だと考えている人は少ないかもしれないが、多くの人は自分の価値観によって物事を判断していることを通常意識していない。

私たちは社会の中で育てられるため、生まれ育った環境、受けた教育、人間関係等により無意識に価値観を築き上げていく。私たちは、自分の価値基準は自分の中に作られたものであり、そこにはある種の偏りが存在しているということを意識すべきであろう。相互理解は、まずその認

識から始まると考えてもよい。自分自身の価値基準は、他者と共有しているものではない。個々人が、自分の一方的な見方によりあらゆることを判断してしまう状況からは、相互理解は達成されないだろう。自分とは異なる考え方や見方が存在することの認識およびその尊重が望まれる。

(7)
　学習者F：初めて会った人と話すのがすごく苦手だったので、最初はこう知らない人と、こうするよりちょっと友達としたり、<u>そのほうが好きだったんですけど</u>、(中略)私は<u>ぜんぜん考えてなかった意見も聞けたので、それはすごくよかったです</u>。

　自分とは違う意見を聞くことを「すごくよかった」と表現していることは注目すべき点であろう。この姿勢には、「自分の見方が唯一の見方」という思考からの脱出が見られる。
　ただし、上記学習者Fが、まだ学習方法に慣れていない初期段階においては、親しくない相手とのディスカッションに抵抗感を抱いていた旨を言及していることも見逃せない。これについては後述する。

4.5　状況の客観視

　自分自身、あるいは自分が置かれた状況を客観視することは、効果的な意見交換、あるいは自己の相対化をする上で必要な要素であり、他者との人間関係を作り上げていく上で重要なポイントとなってくる。
　好きか嫌いか、したいかしたくないか、という感情による判断ではなく、あくまで冷静で客観的な視点で状況判断をする姿勢も、学習者の言葉から掬いとれた。

(8)
学習者N：なんか、普通の読解の授業だったら、誰でもできる1人でもできるような感じなんですけど、この授業では1人ではできないから、なんか授業を受ける意味が、ある、みたいな感じです。

　学習者Nは、教室での学びの意義を捉えなおしている。教室では時間と空間を他の学習者と共有する。その条件を生かした授業が行われていることを冷静に判断しているという点で、評価をする視点が養われていると考えられる。また、こうした観点を持って学習者が授業に参加しているということは協働活動の効果を高める。そこには、教師の意図を理解しようとする姿勢があり、両者のビリーフが近づく可能性があるからである。
　また、異文化の人たちとの「違い」を認識すると同時に、同じ文化背景を持つ者同士にも違う文化が宿っていることを実感する場面もある。これも、様々なバックグラウンドを持つ学習者が集まり意見交換ができたからこそ、改めて確認できることではないだろうか。

(9)
学習者E：……やっぱり同じ韓国人でも違うんだなと、……

(10)
学習者Q：……同じ韓国人の中でも違う。

　韓国人同士は同じ考えを持つことが多いと感じる場面、或いは、韓国人と他の国の人とを比較する場面も多々見られるが、同じ韓国人でもそれぞれ違う、つまり、個人の中に文化があるということを認識する機会ともなっている。

また、自国で受けた教育について、客観的に語る学習者も観察された。他文化と比較することによって語られている。

（11）
　学習者E：韓国、の教育のあれと、西洋は、違うから、なんかもうちょっと西洋の人は自分の意見をはっきり言ってたり、自分の主張が強いとは、思いました。（中略）西洋人は、それがあってるかどうかはもう関係なく、自分がそう考えたら、それを絶対言って、なんか他の人を納得させたり、自分をこう考えたて、こう言いましたみたいな、言ってるから、やっぱり違うんだな。

　国によって意見の言い方に違いがあることに気づき、その背景には教育の違いがあるのではないかという考えを持ったようである。自分たち、ひいては自分たちの社会や教育について、他の文化と比較し、客観視する機会となっていることは明らかである。

4.6　意見表明に対する意識形成
　意見表明に対する意識変化およびモチベーションを高める条件を示唆している発話を見る。

（12）
　学習者E：最初に比べては、なんか最初は、自分が考えたのが、なんか本当にこれでいいかなと思ったのが、なんか心配で、本当にこれでいいかなと思ったりしたんですけど、（中略）一応これ話してみようみたいな、話してみて、間違

> ったら間違ったで、もし私の意見を話して、みんなああ、そういう意見もあるんだとか、<u>言ってくれたりするから、言ってみようかなみたいな感じにはなりますね</u>。なんか前は、これが本当に正しいかどうかなんかわからないから、<u>心配で、なんか意見あんまり言いたくなくて</u>、（中略）自信を持つようになったのかな、（後略）

　当初は自分の意見が正しいかどうかに心配が及び意見が言えなかったと述べている。これは、正解を求められる教育を受けてきたのが一つの原因だとも考えられるが、間違えることへの恐れ、誤答だと認定されることへの羞恥心が発言を阻止していたようである。
　それが、ピア・ラーニングの授業を経験する中で、たとえ自分の意見が間違っていたとしても（この場合「間違って」ではなく「違って」という言語使用のほうがふさわしいと考えられる）、それは一つの意見だと周りが認めてくれるという安心感を得、自分の意見が表明できるようになったと述べている。
　ここには、我々が教師として授業に臨む際に注意すべきポイントがある。すなわち、様々な意見の存在が当然であり相互に認めあいながら意見交換すべきだというメッセージを、学習者に明確に伝えることが重要なのである。
　「意見が言える」状態になるためには「自分の意見が認めてもらえる」安心感を持つことが大きく作用しているということが明確に表現されている（本書第10章も参照）。意見の相違があるのは当然であり、それぞれ個人が尊重されるべきだという考え方にほかならない。
　以下にも、同じような意見が観察できる。

(13)
学習者P：私はこう思う、で、これもあってるけど、なんか私はこんな、こうやって分類するほうがわかりやすいと思いますって、<u>私意見が言える授業</u>だったので、はい。おもしろいでした。

(14)
学習者P：けっこう、ほかの、人様々にちょっと読む、方法が違うんだな、それを感じました。（中略）ニュアンスが違ったらちょっと、うん、変だなと思うんですけど、ほかの人は、これは大丈夫なんだけど、この、こっちが変だったら、これはちょっと変な文章で、<u>変だと思うポイントが違う、それを見て、おもしろいと感じました</u>。（中略）いろんな読み方があるんだなと感じました。

　ピア・ラーニングを繰り返し行うことの効果も、以下の発話から認められる。

(15)
学習者N：私もともとあんまり、こういう、しゃべることに自信がなかったんですけど毎回こういう、グループの人とは、話し合ったりすることで、<u>ちょっと自信がついたと感じました</u>。

(16)
学習者N：はい、それもありますし、<u>少人数だともっと多くの人の前よりは話しやすいから、ちょっと練習になった</u>と思います。

　以上、違いを認めてもらえるという安心感が意見表明を促進させモチベーションを高める作用を持つ、ということ

がわかった。そうした経験を重ねることにより、他者を認める姿勢が強化され、相互理解が進むと考えられる。合わせて、教師としての教室環境作りの重要性をも示唆する結果が得られた。

5 考察と提言

5.1 グループ編成

　様々なバックグラウンドを持つ仲間との意見交換が、自らを省み、さらに他者を理解しようとする態度を作る可能性があることは前節の分析により明らかとなった。クラスによっては学習者が一つの国籍に偏っている場合もあるだろうが、できる限り異なる文化背景を持つ人との意見交換ができるように組み合わせをすることが最終的にはよいと考えられる。

　とはいえ、学習者の中には、ディスカッションという形式に慣れず、意見表明を躊躇する要因を抱えている者がいることも、4.4において指摘した。以下、さらに学生の声を紹介する。

(17)
学習者E：…いつもなんかやるときにこれがあってんのかなと思うようになって、ちょっと自信がないな。

(18)
学習者F：授業で、うん…なんか、毎回毎回、違う友達と一緒に、グループを組んでやるので、うん…なんか、思ったとおりにこう、うまく、討論ができなかったりもするので、それがちょっと難しいですね。

上記のように、慣れない顔ぶれとの協働活動に臨む際の不安や困難についての感想も聞かれた。教師は学習者の心理状況も考慮した上で、学習期間全体を見据えたグループ編成をする必要がある。

(19)
学習者B：私もなんかこういうワールドカフェの討論的なものを、なんかすごい、好きで、この前なんか、ある活動の中でも、こういうワールドカフェの形でやったんですけど、やっぱり普通に自然と話せるんで、自分の意見をこう、出したときに、相手の反応もすぐわかりますし、それに対する意見も聞いたりすることができてすごいいいと思います。

(20)
学習者Q：グループ・ディスカッションは後半のようなワールドカフェのほうがもっと楽しかったと思います。けっこう同じグループになっちゃうときが多くて、いつもグループになるのはけっこう…みんな一緒だったんですけど、そのワールドカフェのとき、話したこともない方とけっこう話してたので…。

(21)
学習者P：けっこう最初は、グループ・ディスカッションするとき、答えが違いすぎて、これどうやって一つにまとめるのって思ったんですけど、だんだん一つにまとめることが中心じゃなくて話し合うことが中心という、それを感じて、ああ、後半のほうがだんだんおもしろくなりました。

(22)
　　　学習者N：ほかには、読解とはあんまり関係ないかもし
　　　　　　　　れないんですけど、私もともとあんまり、こ
　　　　　　　　ういう、しゃべることに自信がなかたんです
　　　　　　　　けど、毎回こういう、<u>グループの人とは、話
　　　　　　　　し合ったりすることで、ちょっと自信がつい
　　　　　　　　た</u>と感じました。

　当初戸惑いを感じていた学習者も、回を追うごとにディスカッション自体にも慣れ、楽しむようになっている。
　お互いに警戒感を抱いている初期は、近くに座っている者同士を自然な形でグループにし、初対面の緊張感を緩和させることも得策であろう。それにより、学習者を過度な負担や不要な圧力から解放することができる。そして学習者やクラス全体の様子を見つつ、異文化との接触を意識したグループ編成に変えていくのがよいのではないだろうか。結果的に、多くの学習者が、それぞれの意見の異なりを楽しむようになることはインタビューより明らかであるため、いつまでも自然な心地よさのみを求めるのではなく、人為的に異なる意見との出会いに遭遇させるようにするのがよいと考えられる。3.2でも述べた、意識的な接触およびそこでの意見交換が相互理解を進めるために必要だということとも重なる。その結果、相互理解というゴールに近づくことが可能となる。
　グループの人数であるが、グループワークには目的によって適したサイズがあることが三田地（2016: 13）で示されている。それを参考にすると、「話合いという場面ではずっと発言しないままでいると目立ってしまう」4人という人数を基準とし、場合によって3人で対応することを提案する。4人は、「陰になる人」がいない人数だとされる。

5.2　埋もれがちな学習者のモチベーション

　ところで、グループ編成をする際にもう一つ注意すべき点も観察された。

(23)
　学習者P：まとめるとき、本当に答えが違いすぎるときは、一番強く言い出した人の答えが、一つの意見になる場合もあったし、投票して、なんか、なんか2人がこの人の意見がいいって思ったら、まああんまりディスカッションしないで、この人の意見になったり、はい。そうなる場合もけっこう多いでした。

　このように、強い人の意見に集約されてしまう現状もある。この点に関しては、抑えになる人が同じグループに配置されるような配慮が必要かもしれない。
　実際に、以下のような話が聞かれた。3人の韓国語母語話者女性とポルトガル語母語話者男性1人で構成されたグループ活動についての言及である。

(24)
　学習者F：3人（韓国語母語話者女性）が意見が同じで、［学習者A］（ポルトガル語母語話者男性）だけ違ったので、3人で説得した感じです。

　マジョリティである韓国語母語話者女性3名が1名のポルトガル語母語話者男性（学習者A）を説得したと言っている。このような状況に陥った場合の学習者Aの心境も、インタビューにおいて彼自身の口から語られているので、以下に紹介する。

(25)
学習者Ａ：別に悪いわけではないと思うんですけど、ちょっと悔しいと思ったことがありました。（中略）大体みんなが共通にしている考え方をまとめて発表するんじゃないですか。で、まあ、しょうがないと言えばしょうがないですけど、あのう、<u>自分だけが考えた独特な発想は結局捨てられることになっちゃいます</u>（笑）それは、まあ、あのう、なんでしょう生産性のためには、まあどうしようもないところだと思うんですが、あのう、ときには、え？でも、でも、<u>僕やったこれすごいよかったと思ってたのにって思った</u>ところがあったりして、…

　学習者Ａは、独自のアイディアを出したところで、多数決で負けてしまう悔しさについて言及している。これには、さらに興味深い裏の話も加わる。以下は多数派の韓国語母語話者女性が、学習者Ａの発表について言及した発話である。

(26)
学習者Ｆ：でも納得はしてくれて、でも［学習者Ａ］は発表したんですけど、そのときはちょっと話しました（笑）<u>自分の意見をちょっと。</u>

　また、学習者Ａは、全体発表で自分自身の意見を発表する機会がないときなどは、直接教師に自らの考えを伝えるという手段をとり、欲求を満たしていた。

(27)
　　学習者A：ええとですね。あんまりにもどうしてもこれだけは絶対に言ってきたいというあのう、なんか考えたことがあったときには、ちょっと個人的に、あ、先生、あ、すみません、<u>これこれどう思いますかって聞くことにしてたんですけど</u>、(中略) みんなと順調、順調っていうんでしたっけ。まああのう、まあ合うように、まあみんなに合わせてたんですけど、ま<u>あこれだけは譲りたくないなっていうものだけを先生に直接話すことにしてました</u>。(中略) あのうみんなが大体同じようなことを書いてるのを見ると、自分が、や、じゃ、<u>自分が絶対違うものを書くからなってなります</u>。こういう人です。(中略) <u>自分は違うのを書きたいなってなったと思う</u>。確かにあったと思います。

　以下に、韓国語母語話者女性3名 (学習者B、E、F) との協働学習の後、学習者Aがクラス全体に対して行った発表を紹介する。ここで確認しておくが、学習者Aは4人グループの代表者として発表をしているものの、グループとしての意見には彼の意見は反映されておらず、残り3名に説得され、彼女らが導き出した意見をクラス全体に向けて述べる立場にある。しかし発表時にさりげなく自分の意見を入れているところがおもしろい。このような学習者Aの姿勢に他のグループ構成員が刺激を受けていることもインタビューから明らかであり、これもピア・ラーニングの副産物だと考えられる。

(28)

学習者A：自分が、なんか最初に書いたの、自分の意見だけで、グループのみんなと比べてびっくりしたことで、なんかここに書かれてないんですが、えーと、切り口の違いでした。あの、自分が書いたのは、なんか結果しか見てない、あの二つだけの軸で、あのー硬い柔らかいと、あのー改まったと砕けたをなんかどうしして、で、それを一つの軸に、ぞんざいと丁寧をもう一つの軸にして。あのー、なんでしょう。あの、結果から見れば、あ、まあその二つしか、二つで十分ではないかなーと思ったんですが、それに対して、まあグループの結論として、この四つの軸が、なんでしょう。あの、結果から見るのではなく、話し手から、あのー、扱ったときには、まあこんな分類の仕方のほうがふさわしいのではないかなという結論でした。

このように、グループとしての統一見解とは異なる個人としての意見があることを理解し受け入れる態度を、教師も他の学習者も持つということが、モチベーションを上げる一要素だと言えるのではないだろうか。

6 まとめ

冒頭で示したリサーチ・クエスチョンに対する解答を最後にまとめておく。

- RQ1：ピア・ラーニングを行うことによって、学習者同士の相互理解は深まるのか。深まるとした

ら、どのように深まるのか。

　ピア・ラーニングを取り入れることで、相互理解が深まる可能性が得られる。学習者は、異なる文化背景を持つ人との接触および意見交換によって他者と自己の違いを認識し、他者の立場に寄り添い、他者の考え方を受け入れ、自己変容を行っていく。それによって、自分の考え方・見方が唯一絶対のものであるという思考から抜け出し、好き・嫌い、したい・したくないという感情による判断を乗り越え、冷静で客観的な視点から状況判断をする視座を学習者は獲得していく。さらに、他者から自己の考え方を受け入れられる経験をすることで安心感を得、意見表明に対する相互のモチベーションが高まり、他者を認める姿勢が強化され、相互理解が進むという好循環が得られる。したがって、そうした好循環を生み出すことにつながる教室作りとグループ編成が何よりも重要になると言える。

　・RQ2：相互理解を促進させる授業を行うには、ディスカッションのグループを何名で編成し、どのようにメンバーを組み合わせればよいのか。

　相互理解を目指した活動を行うグループでは、「陰になる人」がいない人数である4人を基準とし、場合によって3人のグループ編成を推奨する。
　メンバーの組み合わせについては、学習者がピア・ラーニングに慣れておらず高い緊張状態にある初期段階では、学習者の心理的負担を軽減するために、自然発生的なグループ構成を進める。学習者によって友人の有無など事情も異なるため、着席した状態を利用するのも一案である。
　学習形態に慣れてきた段階で、異なる文化背景を持つ学習者同士が構成員となるようなグループ編成を教師側から

意図的に指示する。これにより、相互理解というゴールに向かったピア・ラーニングが効果的に実現できる。

　さらに、個々の学習者の意見が受け入れられる環境を作り出すことも教師の役割であることを自覚し、学習者相互の受容態度への意識を促す必要がある。特に、支配的な学習者がいる場合には注意が必要である。介入もしくは、次回のグループ編成時に考慮し、抑えとなるメンバーをグループに入れるなどの対処をすべきである。ディスカッションが活性化する可能性にもつながる。

　最後に、グループでの総括とは異なる学習者個人の考えが存在することを忘れるべきはない。グループ学習によって個人が軽視されることは本末転倒である。ピア・ラーニングは、学習効果が最終的に個人に戻ってくることを理念とする学習方法であるということを、強く心に刻んで活動を進めるべきであろう。

参考文献

有田佳代子（2004）「日本語教員養成入門科目におけるジグソー学習法の試み」『日本語教育』123, pp.96-105.

池田玲子・舘岡洋子（2007）『ピア・ラーニング入門―創造的な学びのデザインのために』ひつじ書房

岩崎三郎（2000）「学級制度における効率主義の超克―現代社会における学級共同体の脱構築の視点から」新井郁男編『「効率」学校の超克―教育社会から学習社会への転換をデザインする』pp.51-78.　東洋館出版社

岩田夏帆・小笠恵美子（2007）「発話機能から見た留学生と日本人学生のピア・レスポンスの可能性」『日本語教育』133, pp.57-66.

大島弥生（2009）「語の選択支援の場としてのピア・レスポンスの可能性を考える」『日本語教育』140, pp.15-25.

カルトン，フランシス（2015）「異文化間教育とは何か」西山教行・細川英雄・大木充編『異文化間教育とは何か―グローバル人材育成のために』（堀晋也訳）pp.9-22.　くろしお出版

国際交流基金（2017）『JF日本語教育スタンダード【新版】利用者のためのガイドブック』https://jfstandard.jp/pdf/web_whole.pdf（2018年5月12日最終確認）

志賀玲子（2011）「日本語教育における新たな役割としての協働学習の提

案─教室環境作りの試みを通して」『日本語／日本語教育研究』2, pp.33-49.

朱桂栄・砂川有里子（2010）「ジグソー学習法を活用した大学院授業における学生の意識変容について─活動間の有機的連携という観点から」『日本語教育』145, pp.25-36.

砂川有里子・朱桂栄（2008）「学術コミュニケーション能力の向上を目指すジグソー学習法の試み」『日本語教育』138, pp.70-79.

舘岡洋子（2005）『ひとりで読むことからピア・リーディングへ─日本語学習者の読解過程と対話的協働学習』東海大学出版会

得丸智子（1998）「留学生と日本人学生による作文交換活動─構成的エンカウンター・グループを応用して」『日本語教育』96, pp.166-177.

原田三千代（2006）「中級学習者の作文推敲過程に与えるピア・レスポンスの影響」『日本語教育』131, pp.3-12.

細川英雄（2015）「ことば・文化・アイデンティティをつなぐ言語教育実践」西山教行・細川英雄・大木充編『異文化間教育とは何か─グローバル人材育成のために』pp.42-60. くろしお出版

細谷俊夫・奥田真丈・河野重男・今野喜清編（1990）『新教育学大事典 第2巻』第一法規出版

三田地真実（2016）「ファシリテーションでアクティブ・ラーニング型授業が活きる！」中野民夫・三田地真実編著『ファシリテーションで大学が変わる─アクティブ・ラーニングにいのちを吹き込むには』pp.3-18. ナカニシヤ出版

村田晶子（2004）「発表訓練における上級学習者の内省とピアフィードバックの分析─学習者同士のビデオ観察を通じて」『日本語教育』120, pp.63-72.

Aronson, E., Blaney, N., Stephan, C., Sikes, J., & Snapp, M. (1978) *The Jigsaw Classroom*. Sage Publications. （松山安雄訳（1986）『ジグソー学級』原書房）

第4章
「深く・正確に読む」段階の話し合い
参加者はどのように合意を形成するのか

胡 方方

　　　　ピア・リーディング授業では、一旦グループ・ディスカッションに入ると、話し合いに参加しない教師は議論の実態を把握しにくいものです。しかし、議論の実態がわからないと適切な授業準備や指示、コメントができません。学習者はいったいどのように話し合いを展開させるのでしょうか。また、課題の形式によって、グループの合意形成にどのような影響が及ぶのでしょうか。本章では、ピア・リーディング授業における話し合いの実態を検討します。

1　はじめに

　　日本語教育の授業では、対話をベースにしたピア・ラーニングが増える一方で、教師の間では授業に手応えが感じられないという声が聞かれる（石黒2016）。どうすればピア・ラーニング授業をよりうまく進められるのだろうか。そこでは、授業準備段階の教材選定、課題設定、グループ編成、および授業進行段階のアイス・ブレイキング、教師の介入、フィードバックなど、さまざまな要因が影響をもたらしているが、もっともコントロールしにくいのは、ディスカッションに主体的に取り組む学習者の振る舞いであろう。グループ・ディスカッションで、学習者はどのように話し合いを進め、どのように課題を完成させるのか、ピ

アでの話し合いを通じて互いにどのように成長するのかなどが、グループにメンバーとして参加しない教師の目から把握しにくい構図になっているため、適切に支援できないことがある。そこで、学習者同士がどのように合意を形成するのかを解明することが重要であろう。本章では、以下の三つのことを可視化し、ピア・リーディング授業のグループ・ディスカッションを観察しにくい教師の示唆となる資料を提供し、アカデミックな内容を扱う授業に参加する学習者に教師がどのような助言を行えばよいかを考える際の材料とすることを目的とする。

- RQ1：ピア・リーディング授業のグループ・ディスカッションで、学習者はどのようなプロセスを経て合意を形成するのか。
- RQ2：異なる形式の課題が出された場合、グループ・ディスカッションの合意形成にどのような影響が及ぶのか。
- RQ3：RQ1、2の結果に基づき、教師はグループ・ディスカッションをどのように指導すればよいのか。

2 先行研究と本章の位置づけ

　胡（2015）は、本章の研究対象となるピア・リーディング授業の1回の談話データを取り上げ、文章中の八つの空欄に接続詞を入れるという多肢選択的な課題を行った「接続詞を入れる」の回においてグループ・ディスカッションの合意形成プロセスを分析し、発話機能の観点から各グループの特徴、各タイプの特徴をまとめている。そうした胡（2015）の先行研究として、舘岡（2005）、品部（2010）、市嶋（2015）が挙げられる。

舘岡（2005）は「ピア・リーディング」を「学習者同士が助け合いながら問題解決を行い、テキストを理解していく読みの活動」と定義し、2人の上級日本語学習者が学び合い、自分の理解を見直す様子を明らかにしている。
　品部（2010）は日本人教師と日本語学習者が文法問題の答え合わせをしている場面に生じたやりとりを取り上げ、談話分析を行っている。その結果、学習者同士のインタラクションにより、当初問題となっていた文の理解が得られることが明らかになったと述べている。
　さらに、市嶋（2015）は、日本語教育実践における評価活動に着目し、教室参加者の合意形成、および合意形成を実現する評価活動の実態を提示するとともに、不確定要素や複数の価値観の対話こそが合意形成の重要な要素になると主張している。ただし、本章は合意形成の内容面より機能面を重視し、ディスカッションの談話と向き合う中で明らかにするものであり、市嶋（2015）とはその面で異なる。
　本章はこうした先行研究に基づき、ザトラウスキー（1993）以来の伝統的な手法に従い、胡（2015）で導入された、ピア・リーディング授業の合意形成のプロセスを見るのに適した発話機能のラベルを用いることにした。胡（2015）では「接続詞を入れる」の回のみを取り上げ、そこに見られる合意形成パターンと発話機能の関連という談話の展開分析が扱われているが、本章では、先行文脈から後続の内容を自由に予測する自由記述式の課題に取り組む「予測をする」の回を併せて取り上げ、異なる形式の課題が出された2回の授業を比較する。それにより、教師の視点から見て、課題をどう設定すべきか、ディスカッションにおける役割と発話を学習者にどう指導すべきかという、教室運営に関わる分析を中心に示したい。

3 分析対象のデータと分析方法

3.1 談話データの処理

　調査では、録音されたデータをまず、宇佐美（2011）の基本的文字化の原則（BTSJ）改訂版に従い、文字化作業を行った。発話文は文単位で分けることを原則としたが、文の内部に副詞節があり、接続助詞や節自体の意味によって節の役割が明確である場合は節の後ろで分割した。一方、連体修飾節や独立性の低い従属節は機能としては独立していないので、分割しなかった。

　また、分析の際に、「話段」単位で談話を区切っている。「話段」とは、佐久間（1987）によって提唱された話し言葉の内容上のまとまりのことであり、通常複数の文から構成される。ザトラウスキー（1991）は、この「話段」という単位を日本語の会話分析に取り入れ、会話という談話の展開について考察している。話し言葉、特に双方向性を持つ会話に「話段」という概念を取り入れたことで、会話のマクロなレベルでの展開が追えるようになり、会話の展開構造を明らかにする方法論上の道筋が築かれた。

　一方、「話段」は講義のような一方向的な話し言葉の構造分析でも有効である。佐久間（編著）（2010）では、講義の談話分析において「話段」という概念を、「談話の全体から部分へ、大きな単位から小さな単位へという方向」で、「大話段」（第1、2次元）、「話段」（第3、4次元）、「小話段」（第5次元以下）と認定し、講義の談話構造を「話段」の多重性によって明らかにすることを目指している。

　本章の分析対象となるこの2回の授業のグループ・ディスカッションでは、課題に対するグループの答えを話し合って一つに決めるが、多肢選択的な課題の「接続詞を入れる」の回は、空欄に接続詞を入れるものが8問、自由記述式の課題の「予測をする」の回は、文章の続きを書くもの

が2問ある。佐久間（1987）、ザトラウスキー（1991）、佐久間（編著）（2010）を参考に、分析の便宜上、この問いごとのディスカッションを一つの話段として認定し、「接続」の回の8問×6グループ＝48話段、「予測」の回の2問×6グループ＝12話段の合意形成プロセスを検討した。

3.2 発話機能ラベルの貼付

3.1でできた文字化データのすべての発話文に発話機能ラベルを付けた。それは、日本国内で談話分析の研究が本格化するきっかけとなったザトラウスキー（1993）以来の伝統的な手法であり、本研究もそれに従っている。しかしながら、発話機能の研究史を概観すると、決定版と言えるようなものは存在せず、それぞれの研究者が研究の目的や扱う談話の性格に合わせて工夫している状況にあることが分かる。そこで、本研究でも、発話機能のラベルを先行研究に依拠することはせず、ピア・リーディングの授業の合意形成プロセスを見るために適していると思われる独自の発話機能を用いることにした。発話機能ラベルは、四字漢語で示し、前半の二字は内容機能、後半の二字は伝達機能と呼ぶことにする。分析対象にならない発話文は「その他」とした。

発話文の分割および発話機能ラベルは、談話分析に精通している2名の日本語母語話者教師の協力を得て、筆者を含めた3名でコーディングを行った。

3.2.1 内容機能

内容機能のラベルは以下の6種類に分かれる。

　　解答…直前の作業で各自準備した答えに関わる内容
　　意見…検討の過程で各自が考えた判断に関わる内容
　　根拠…解答や意見の論拠となる内容

前提…解答や意見や根拠の背景を説明する内容
　　　感情…話し手の心理に関わる内容
　　　進行…話し合いの進め方や記録に関わる内容

3.2.2　伝達機能

　伝達機能は、発話者自らが切り出す自発系と、直前の他者の発話を受けて発する反応系に大きくは分け、さらにその中を細かく分類した。

　（一）［自発系：自分から言う］
　　　要求…他者に考えを示すように求めること
　　　表明…自己の責任において自らの考えを示すこと
　　　提案…検討の材料として自らの案を示すこと
　　　譲歩…自分と異なる考えに理解を示したり、自分自
　　　　　　身の意見を撤回したりすること
　　　確認…考えが正しいかどうか確かめること
　（二）［反応系：他者に応じる］
　　　肯定…他者（自己のこともある）の考えに賛同すること
　　　否定…他者（自己のこともある）の考えに反対すること
　　　留保…示された考えに対する態度を明確にしないこと
　　　検討…示された考えの成否をその場で検討すること
　　　整理…示された複雑な考えをわかりやすく示すこと

　なお、今回の分析に際しては伝達機能を中心とし、必要に応じて内容機能を参考にすることにする。

3.3　一話段の中の合意形成プロセス

　発話機能を手掛かりに談話データを検討すると、この60話段はおおよそ以下のような段階を経て、合意形成がなされていることがわかる。

グループ・ディスカッションの合意形成の五段階

①進行表明	「進行表明」（例：「1番です」）
	「進行提案」（例：「じゃ、5番行きましょうか」）
	その他、「進行要求」「進行肯定」「進行確認」等
②解答提示	「解答要求」（例：「何を入れたの」）
	「解答表明」（例：「『しかし』です」）
	「解答検討」（例：「『しかし』か…」）等
③解答議論	「意見表明」（例：「『ところが』がいいと思います」）
	「解答提案」（例：「『しかし』にしましょう」）
	「根拠表明」（例：「…と書いてあるから、『しかし』を入れた」）
	その他、「意見否定」「意見留保」「解答検討」等
④解答整理	「解答整理」（例：「『一方』入れました」）
	「進行整理」（例：「逆接に絞って議論しましょう」）等
⑤合意形成	「解答肯定」（例：「いいと思います」）
	「意見譲歩」（例：「…が、『しかし』もいいかもしれないね」）等

　また、この①〜⑤の段階を経たシンプルな会話モデルを以下で示す。ただし、これはあくまでも典型的な会話モデルであり、実際のグループの中で行われたグループ・ディスカッションはより複雑である。

グループ・ディスカッションの合意形成プロセスの会話モデル

A	3番行きましょうか。	進行提案	①進行表明段階
B, C, D	はい。	進行肯定	
A	3番何を入れましたか。	解答要求	②解答提示段階
B	「しかし」。	解答表明	
C	Bさん何で「しかし」ですか。	根拠要求	③解答議論段階
B	…から、「しかし」を入れました。	根拠表明	
C	僕はそれと逆に,,	根拠否定	
C	…から、「さらに」を入れました。	根拠表明	
	{中略}		
D	ようするに、逆接か付加ですね…。	解答整理	④解答整理段階
	{中略}		
C	じゃ、「さらに」にしましょう。	解答提案	⑤合意形成段階
B, C, D	うんうん、「さらに」「さらに」。	解答肯定	

4節と5節では、授業の前半「深く・正確に読む」授業の中から、テキスト内容の予測に関連した課題が出された第3回「接続詞を入れる」と第4回「予測をする」という2回の授業を取り上げ、形式が異なる課題が出された際に、それぞれどのように合意形成がなされているのか、発話機能と合意形成プロセスという二つの観点に着目しながら分析していく。この2回の授業は、先行文脈と後続文脈の関係を見るという点では内容が重なる一方、課題形式が対照的であるため、課題の形式の違いがピア・リーディングの談話に及ぼす影響を見るのに適切であると考えた。

　「多肢選択式の課題」というと、通常は番号のついた複数の選択肢から一つを選ぶ課題を指す。ここでは、文章中の八つの空欄に接続詞を入れるという課題を作成した。番号がついている選択肢を用意したわけではないが、入る接続詞の候補はいくつかに限られるため、どれを選ぶかという議論になりやすい。そこで、「多肢選択的な課題」とここでは考える。この場合、議論の焦点が定まりやすいが、議論が深まりにくい面があると想像できる。

　一方、「自由記述式の課題」の回では、先行文脈を参考にしながら後続の内容を予測し、1〜2文を書いてもらう課題を作成した。参加者の自由に任せている分、答えにかなり広い幅があり、結果を比較すること自体が難しいことが多い。内容の検討がうまくいったときは議論の深まりが期待できるが、議論自体がかみ合わないと、漠然とした議論になったり、意見交換自体が行われなかったりし、結果として誰かの意見を選ぶということになりかねず、高度な課題とも言えるだろう。

4 分析結果その1──多肢選択的な課題の回

4.1 多肢選択的な課題の回の合意形成プロセス

多肢選択的な課題の「接続詞を入れる」(以下「接続」と略す)の回で、各グループが空欄の解答を決める際、どのような段階がどの順序で出現したか、すなわち、各話段の合意形成プロセスを示したものが表1である。表1からわかることは次の2点である。

第一に、実際の会話では、①→②→③→④→⑤という段階を完全に踏んでいるものはなかった。①「進行表明段階」、④「解答整理段階」、⑤「合意形成段階」が省略されるケースが多かった。

第二に、段階①～⑤の一部を二度以上踏んだ議論も観察された。

表1 「接続」の回の48話段のグループ別合意形成プロセス一覧

	グループ1	グループ2	グループ3	グループ4	グループ5	グループ6
空欄(1)	②→①→②→⑤	①→②→①→③→⑤	①→②→④→③→①→②→③→⑤	①→②→③→⑤	②→③→⑤→③	①→②→③→⑤→③→④→②→③→⑤
空欄(2)	②→⑤	①→②→③→⑤	①→③→⑤	②→④→③	②→①→④→⑤	②→③→⑤→④→⑤
空欄(3)	②→③	①→②→③→⑤	①→②→①→③	②→④→③→④→③→①→②→③→⑤	②→③→④	②→③→⑤→③→⑤
空欄(4)	②→③→⑤	①→②→④→③→②→⑤		①→②→③→④→②→⑤	②→③→⑤→③	①→②
空欄(5)	②→③→⑤	①→②→③→⑤	①→②→③→⑤	①→②→③→④→②→⑤	①→②→③→④→⑤	②→③→④→③
空欄(6)	②→③→④→③→④	①→②→③→⑤	①→②→③→⑤	①→②→③→⑤	①→②	②→③→②→③
空欄(7)	②→③	①→②→③→⑤	①→②→③→⑤	②	①→②→⑤	②→③→⑤→③
空欄(8)	②→③	①→②→③	①→③→②→④→⑤	②→④	②→③→⑤→③	①→②→③→⑤

4.2　多肢選択的な課題の回のグループ・ディスカッションの特徴

なぜこの回のグループ・ディスカッションは表1のようなプロセスになったのだろうか。実際の48話段の文字化データを観察すると、以下の三つの特徴が見られた。

第一に、八つの空欄にそれぞれ入れてきた接続詞について、30分でグループ・ディスカッションをして、統一された答えを決めなければならず、時間短縮のため、「進行提案」「進行肯定」「進行表明」など段階①の発話がスキップされることがあった。

第二に、全員が問いの解答に賛意を表明してから次の問いの議論に進めるのは時間的に難しかった。誰かが賛意を表明すると、すぐ誰かが次の空欄の解答を読み上げ、残りの学習者がそのペースに合わせるしかない状況になり、⑤の「合意形成段階」を経ずに次の問いに行ってしまうことが多かった。

第三に、いくら議論しても、参加メンバー全員が納得できる接続詞が決まらない場合、多様なストラテジーが用いられていた。例えば、一旦議論を打ち切り、別の箇所の接続詞を先に検討するというストラテジーもあれば、当該の文だけで決まるわけではなく、前後の文脈が重要なため、複数の接続詞をまとめて検討するというストラテジーも見られた。

4.3　段階④がスキップされやすい内実——「整理」の重要性

4.2で述べたように、段階①と段階⑤がスキップされやすいのは、時間短縮のためであろうと思われるが、段階④が少なかったのはなぜだろうか。表1の段階④「解答整理段階」の出現回数に注目すると、グループ1（G1、以下同様）は1例、G2は2例、G3は3例、G4は6例、G5とG6は4例ずつであった。すなわち、G4はより「整理」を好み、G1はあまり「整理」をしなかったといえる。さら

に、各グループで、「…整理」という発話機能の出現回数をまとめると、表2になる。

表2 「接続」の回のグループ別「…整理」発話機能の出現回数

	G1	G2	G3	G4	G5	G6
学習者1	2	3	6	2	6	3
学習者2	1	3	1	6	3	8
学習者3	3	0	1	7	2	0
学習者4	0	−	0	−	−	0
合計	6	6	8	15	11	11

　表2が示すように、もっとも多く「整理」の発話が出現したG4では、学習者2、学習者3が議論の中で、ともに解答や意見などを整理している様子が窺える。G3、G5、G6はグループの議論の中で、整理を行う決まった人が一人いることが看取される。それに対し、G1とG2の議論の中では、たまに「整理」の発話が出現するが、どちらも合計数が少ないうえに、整理の役割をする決まった人が見当たらないように見受けられる。では、「整理」の発話は、グループ・ディスカッションでどのような働きをするのだろうか。

　次頁の談話例1では、「なので」、「ですから」、「だから」、「にもかかわらず」というみんなの解答が一見それぞれ違うように見える状況で、学習者Hは、四つの中の三つは実は同じ因果関係の接続詞であることに気づき、すぐその場で「因果関係」対「逆接関係」という二者択一の問題として整理している。その結果、論点が絞りこまれ、「整理」の発話は、効率よく議論を進めることに貢献していた。

　類似した例は、同じ談話例1の、別の段階④の話段にも見られた。このように、多様な意見、解答、文脈などを整理することで、議論の時間を短縮でき、限られた時間により多くの課題を完成することができるようになる。

談話例1：G4－接続詞（3）についての議論（②→④→③→④→③→①→②→④→③→⑤）

Q	ああ、じゃ、3番はみんなどうですか?。	解答要求	
H	3番「なので」。	解答表明	
M	「ですから」,,	解答表明	②解答提示
M	同じ。	解答表明	
Q	「にもかかわらず」、はは。	解答表明	
M	はは。	感情表明	
H	考え方全然違うよ。	解答整理	④解答整理
M	そうですね。	意見肯定	③解答議論
Q	でも,,	意見否定	
H	「だから」「ですから」と「なので」、まあ、因果関係っていう感じ。	解答整理	④解答整理
Q	えっ、これなんで、3番って前の文章と違う話じゃないですか,,	前提表明	③解答議論
Q	一つを選ばなければならないのに、それを、えっ?。	意見否定	
H	いやいや、一つを選ばなければならないので。	意見否定	
Q	はい。	意見留保	
	{中略：12回発話者を交替し、議論を進めたが、解答が決まらない}		

残りの4番〜8番について一回議論が終わった後

H	3番。	進行表明	
Q	うん。	進行肯定	①進行表明
M	3番にしましょう。	進行肯定	
H	3番。	進行表明	
Q	3番は、何、「そのため」。	解答表明	
M	「ですから」。	解答表明	②解答提示
H	「なので」,,	解答表明	
H	だいたい一緒。	解答整理	④解答整理
Q	「ですから」。	解答検討	
H	「ですから」にしましょう。	解答提案	③解答議論
Q	「ですから」って、接続詞であるかなー。	解答否定	
Q	「そのため」?。	解答提案	
M	うん、「そのため」も。	解答肯定	⑤合意形成
H	「そのため」。	解答肯定	

4.4　新たな解答を導く建設的な転換点——「否定」のプラスの働き

　　もう一つ注目したいのは、談話例1の中に、「否定」が出現していることである。相手の「否定」に対して根拠を出したり、解答を整理したり、新しい解答を提案したりするなど、「否定」の発話によってプラスの働きが観察される。特に最後には、「ですから」にしようという意見に決まりそうなところで、学習者Qから「『ですから』は接続詞ではない」という根本的な反対意見が出され、「ですから」という解答が却下された。他の談話でも、「否定」が新たな解答を導く建設的な転換点として機能している様子が見られた。これはまさに一つの解答を否定することで、それ以外の選択肢が前景化し、新たな解答を暗示する、という多肢選択式の課題ならではの特徴であろう。

5　分析結果その2——自由記述式の課題の回

5.1　自由記述式の課題の回の合意形成プロセス

　　自由記述式の課題が出された「予測をする」（以下「予測」と略す）という回に、各グループが各空欄を決める際に、どのような段階がどの順序で出現したのかを表3で示す。表3から4点のことがわかった。

　　第一に、「接続」の回と違い、「予測」の回では、すべて「進行表明」、「進行提案」などの発話で①「進行表明段階」

表3　「予測」の回の12話段のグループ別合意形成過程一覧

	予測文1	予測文2
G1	①→②→③	①→②→④→③
G2	①→②→③→⑤	①→②→③→②→③→②→③
G3	①→③→②→⑤	①→③→②→②→③→②→③
G4	①→②→③→④→③→④→⑤	①→②→⑤→③→④→⑤
G5	①→②→③→⑤	①→②→③→④→③→④→⑤
G6	①→②→③→⑤→②	①→②→③→⑤

から段階を踏んで議論がなされていた。

　第二に、「接続」の回と同じように、①→②→③→④→⑤という流れのような完全な段階を踏んでいたものはなかった。

　第三に、「接続」の回のような時間配分の問題がないにもかかわらず、④「解答整理段階」と⑤「合意形成段階」を経ずにグループ・ディスカッションを終えているのがそれぞれ1/3の話段であった。

　第四に、「接続」の回ほど複雑ではないが、段階①～⑤の一部を二度以上踏んだ議論もいくつか観察された。

5.2　自由記述式の課題の回のグループ・ディスカッションの特徴

　実際の12話段の文字化データを観察すると、以下の特徴が見られた。

　第一に、「予測」の回は設問が少なく、時間的な余裕があり、①「進行表明段階」から段階を踏んで議論がなされていた。また、この回は自由記述式であったため、まずは学習者それぞれが自らの意見を聞いてもらわなければならず、手続きとして段階を踏む必要があった。

　第二に、実際のグループ・ディスカッションの中で、「難しいね」、「わからない」のような発話が多く出現し、課題の難しさが感じられ、沈黙が多かった。

　第三に、他人の解答を聞いた後も、意味内容を理解するという咀嚼の時間が必要であったため、意見交換は「接続」の回ほど頻繁ではない。ゆえに、④「解答整理段階」を経て整理をする必要性も低くなったと考えられる。

　第四に、唯一の正解がない自由記述式の課題であったため、グループで共有された答えを出す際、意見統一は難しい。「解答肯定」「意見肯定」などの⑤「合意形成段階」の発話がスキップされやすい。

5.3 段階⑤がスキップされやすい内実——解答の決め方

5.2で述べたように、「予測」の回では、意見交換が頻繁ではないため、段階④がスキップされやすいが、段階⑤を経ずに自由記述式の課題をどのように完成させたのだろう。各グループの解答の決め方を表4にまとめた。

表4 「予測」の回の解答の決め方

	G1	G2	G3	G4	G5	G6
誰かの解答をそのまま採用する	1	2	2	0	1	1
複数の人の解答を合わせる	1	0	0	0	0	1
全く新しい解答を作る	0	0	0	2	1	0

表4が示すように、G4以外、残りの5つのグループは、誰かの解答をそのまま採用することが多かった。それは、採用された人が自分の答えを強く主張するか、採用された人の答えに誰かが賛同し、その答えを強く押すといういずれかのパターンが多かった。ただ、残りの学習者の中にその答えをそのまま採用することに納得がいかない人がいる場合、複数の解答を合わせるという形で合意がなされることもあった。

これに対し、新しい答えを作る場合は、全員が知恵を合わせて答えを考え直すため活発な議論が展開され、お互いのアイディアに耳を傾け、検討しあえていた。これこそピアの意義なのではないかと思われる。では、新しい答えを作る場合にどのように談話が展開されていたのか、次ページの談話例2から答えを探ってみたい。なお、長い議論が多いため、具体的な解答や意見などは｛中略｝とする。

談話例2が示すように、学習者Hが進行表明をしたり、根拠を要求したり、解答の方向を絞ったり、議論が長くなったら既に参加者が出した解答や意見を整理したりすることにより、議論を進めていた。また、学習者Jが残りの人の意見を聞いたり、学習者Hの理解を本人に確認したりす

談話例2：新しい解答を作るG5－予測文（2）についての議論（①→②→③→④→③→④→③→⑤）

H	2番目に入ります。	進行表明	①進行表明
J	はい。	進行肯定	
	{中略：それぞれ自分の解答を表明する}		②解答提示
H	へー、具体例、具体例、例えば。	根拠要求	③解答議論
	{中略：それぞれ自分の解答を表明し、根拠を出す}		
H	なんか、まず大きな方向を決定しましょう。	解答提案	
H	なんか、2番の中で、どういう感じの、どういう、なんか方向のセンテンス入れればいいのかとか…なんかみんなばらばらですからね、んー、統一なのはちょっと難しいですから。	解答整理	④解答整理
H	なんか、どういう方向だと、みんなどう考えていますか？。	意見要求	③解答議論
	{中略：それぞれ自分の考えを述べる}		
H	】}つまり、「J」さんの意見は（はい）、その2のところに（はい）、また事例に戻って（はい）、ステレオタイプを入れて（はい）、分析とか、なんか、そういうはな、もっと話すという…。	意見整理	④解答整理
J	そうです。	意見肯定	
H	あー、はい、わかりました。	意見肯定	③解答議論
J	ほかの意見は？。	意見要求	
	{中略}		
J	「V」さんはどう思いますか？。	意見要求	
	{中略}		
J	キーワードを入れることですね？［↑］。	意見確認	⑤合意形成
	{中略：意見が決まった}		

ることにより、合意が深まるように努力している様子が窺えた。こうした工夫を通し、多様な発話機能を用いて参加者全員が積極的に検討に参加でき、知恵を合わせて全く新しい解答を引き出すことに成功していたのである。

　反対に、誰かの解答をそのまま採用する場合にはどのように談話が展開されていたのだろうか。自由記述式の課題なので、学習者はそれぞれ異なる予測文を考えてきたはずであったが、なぜ1人の解答を選び、それを検討・修正せずにそのまま採用してしまったのだろう。それを、談話例

談話例3：誰かの解答をそのまま採用するG2－予測文（1）についての議論（①→②→③→⑤）

P	《沈黙10秒》じゃ、1番私から、とりあえず…。	進行表明	①進行表明
P	私は、1番に入る部分を、"読みにくいという反応や、どういうニュアンスで言っているのかがはっきりしていないという反応が一般的であった。その一方、ある劇の一部分みたいとか、おもしろくするために書かれたみたいという反応もあった"、にしました。	解答表明	②解答提示
P	はい、次…。	解答要求	
G	はい、お願いします。	解答要求	
	{中略：残りの3人が自分の答えを提示した}		
G	《沈黙23秒》や、私、これがいいと思う。	意見表明	③解答議論
C	<笑いながら>そうそうそう、うん。	意見肯定	
R	うん。	意見肯定	
P	私は、あの、うしろにステレオタイプについた説明が書いてあるから,,	根拠表明	
P	1番にはステレオタイプ,を感じた学生の反応が、入ればいいと思って、こう書きました。	意見表明	
R	いいと思います。	意見肯定	
C	うん、ハハハ<笑いながら>、すごくいい。	意見肯定	
	{中略：Pが自分の解答を読み上げ、皆が記入することになった}		⑤合意形成

3から探ってみたい。

　談話例3が示すように、このグループでは、4人それぞれ自分の解答を提示した後、短くない沈黙を経て、学習者Gが学習者Pの解答に賛意を表明し、残りの2人が「うん」という反応で同じく賛同をしている。それに対し、学習者Pが1文で根拠を示したところ、すぐ完全に全員の支持を得、あまり議論せずに学習者Pが答えをそのまま読み上げるという形で全員に共有された。

　実は、このグループのもう一つの予測文も同じようなパターンで、学習者Gの答えがそのまま採用されている。こうなると、ピア・リーディングの活動としての意義が薄まり、学習者それぞれの理解を深めたり広げたりすることが難しくなる。

6 考察と提言

　以上、ピア・リーディングの授業におけるグループ・ディスカッションの合意形成プロセスを、課題の形式に着目しながら考察した結果、次の5点が明らかになった。

　第一点として、課題形式によってグループ・ディスカッションの展開が影響を受けることがわかった。多肢選択的な課題は議論の焦点が定まりやすいが、議論が深まりにくい面がある。一方、自由記述式の課題は深く議論できる可能性はあるが、議論の焦点が定まりにくいきらいがあるという点で一長一短である。

　第二点として、制限時間に対する問いの数と、課題内容の難易の影響を受ける様子が観察された。限られた時間で多くの課題をこなす場合、進行がぎこちなくなり、合意がなされずに終わってしまいがちである。

　しかし、第三点として、問いの数が多い課題でも、一旦議論を打ち切り、別の箇所を先に進めたり、前後の文脈を参考に、複数の箇所をまとめて検討したりするという話し合いのストラテジーを使うことにより、議論を効率よく進めていくことができる。

　第四点として、多肢選択的な課題の回では、多様な意見が出された際、「整理」の使用でよりロジカルで効率のよい議論が導かれることがわかった。また、意見を「否定」することで互いに自分の意見を守る意識が働き、根拠や提案を出し合うことで、議論が深まる様子も観察された。

　第五点として、唯一の正解がない自由記述式の課題の回では、誰かの解答をそのまま採用するより、何人かの解答を合わせるか、まったく新しい解答を作ったほうが、より活発な意見交換ができ、グループ全員の知恵を合わせるというピアの意義が生まれる。

7 まとめ

　本章では、異なる形式の課題が出された2回のピア・リーディング授業のグループ・ディスカッション談話データを分析することにより、グループの中の合意形成プロセスを解明し、談話の実態から課題形式がグループ・ディスカッションにもたらす影響を見てきた。最初に設定した三つのリサーチ・クエスチョンに順に回答する。

　　・RQ1：ピア・リーディング授業のグループ・ディスカッションで、学習者はどのようなプロセスを経て合意を形成するのか。

　ピア・リーディング授業のグループ・ディスカッションでは、学習者は①「進行表明段階」→②「解答提示段階」→③「解答議論段階」→④「解答整理段階」→⑤「合意形成段階」の一部か、その中の一部を2回、3回に亘り、議論を展開させ、合意形成を行う。

　　・RQ2：異なる形式の課題が出された場合、グループ・ディスカッションの合意形成にどのような影響が及ぶのか。

　課題の違いが合意形成に及ぼす影響では、多肢選択的な課題が出される場合、時間が制限されたため、段階①と⑤がよくスキップされる。また、それぞれ違う解答、違う根拠が提示される状況の下で、「整理」と「否定」という発話機能がよく働く。それに対し、自由記述式の課題が出される場合、段階④と⑤がよくスキップされる。また、グループで新しい解答を作ることが重要であり、「根拠要求」、「解答整理」、「意見整理」などの発話機能をうまく使用す

ることにより、グループ全員の読解の深まりにもつながる。

- RQ3：RQ1、2の結果に基づき、教師はグループ・ディスカッションをどのように指導すればよいのか。

　日本語教師がグループ・ディスカッションの指導をする場合、議論の進行に対する参加者の理解を事前に深めることがポイントとなる。まず、自分の解答や意見を「表明」することが意見交換の前提となるので、きちんとした自分の意見を持てるように、課題の意義を丁寧に説明し、十分な準備の時間を設けたい。また、お互いの考えに耳を傾ける姿勢を強調すべきであり、「要求」や「確認」を習慣づける。さらに、相手の話に反応し、「肯定」することはもちろん、「否定」という一見マイナスな機能にも、お互いの論点を深め合うプラスの働きがあることに注意を促す必要があろう。最後に、多数の意見の中で「整理」の必要性を学習者に伝えておくことが重要であり、「整理」することでグループ内での意見交換の成果が明確になる。

　以上のような努力のもとで、学習者がより積極的に授業に臨み、お互いの学びあいで「深く・正確に読む」ことが期待できると思われる。

参考文献

石黒圭（2016）「教師は何もしなくていい―学習者が主体的に学べる環境作り」五味政信・石黒圭編『心ときめくオキテ破りの日本語教授法』pp.173-187. くろしお出版

市嶋典子（2015）「評価活動において教師と学習者はいかに合意形成のプロセスを生成するのか」『秋田大学国際交流センター紀要』4, pp.1-13.

宇佐美まゆみ（2011）「改訂版：基本的な文字化の原則（Basic Transcription

System for Japanese: BTSJ)」『談話研究と日本語教育の有機的統合のための基礎的研究とマルチメディア教材の試作（平成15-18年度科学研究費補助金基盤研究B（2））報告書』pp.1-20.

胡方方（2015）「日本語学習者のグループ・ディスカッションに見られる合意形成のプロセス―ピア・リーディングの談話データをもとに」『一橋日本語教育研究』4, pp.127-136.

佐久間まゆみ（1987）「『文段』認定の一基準（I）―提題表現の統括」『文藝言語研究　言語篇』11, pp89-135.　筑波大学

佐久間まゆみ（編著）（2010）『講義の談話の表現と理解』くろしお出版

ザトラウスキー，ポリー（1991）「会話分析における単位について―『話段』の提案」『日本語学』10(10), pp79-96.　明治書院

ザトラウスキー，ポリー（1993）『日本語の談話の構造分析―勧誘のストラテジーの考察』くろしお出版

品部直美（2010）「日本語少人数グループにおける教室談話の分析―文法問題解決の場面にて」『ポリグロシア：言語と言語教育―アジア太平洋の声』19, pp.69-77.

舘岡洋子（2005）『ひとりで読むことからピア・リーディングへ―日本語学習者の読解過程と対話的協働学習』東海大学出版会

第5章
「批判的・創造的に読む」段階の話し合い
学習者の批判的思考はどのように活性化しているのか

楊 秀娥

　ピア・リーディング授業の目標は、文章理解能力の向上だけではありません。批判的思考の育成、すなわち論理的・創造的に考える力を身につけることも大事な目標です。では、実際のピア・リーディング授業で、学習者は批判的思考を行っているのでしょうか。また、行っているとしたら、それはどのように活性化しているのでしょうか。本章では、授業の話し合いで学習者がどのような問題提起を行い、それがグループでどのように検討され、変化したのか、さらに、その話し合いの過程で批判的思考の認知技能がどのように活性化したのか、グループ・ディスカッションの談話に即してその実態を分析し、「考えるための日本語教育」への示唆を示します。

1 はじめに

　前章では、本授業の前半、「深く・正確に読む」段階の話し合いの実態を分析している。本章では、それに引き続いて授業の後半、「批判的・創造的に読む」段階の話し合いの実態について分析する。授業設計者が設定した授業後半の目標である「批判的・創造的に読む」にある「批判的・創造的」を、本章では論理的思考から創造的思考までを含むより広範な概念「批判的思考」（2.1で詳述）で括る

ことにする。

　批判的思考は、教育一般においても外国語教育においても重要視されている。批判的思考は、大学において育成すべき学士力、ジェネリックスキル、社会人基礎力などにおいて重要な位置を占めている（楠見2011）。外国語教育においても、批判的思考の育成は目指されてきており、日本においても、教師が学習者と真の対話を試みる日本語教育、既存の知識の枠組みを超えた批判的思考を意識した日本語教育（佐藤2005）が提案されている。中国の外国語専攻教育においても、批判的思考はコアな目標と位置づけられている（孫2011）。一方、実際の授業の中で批判的思考がどのように育まれているのかについては、不明な点が多い。

　本章では、日本語教育におけるピア・リーディング授業を対象に、学習者同士の対話の中で、学習者の批判的思考が具体的にどのように活性化しているのかを示すことを研究目的にする。その結果に基づいて、批判的思考の育成という視点から、日本語教育への示唆を提示したい。リサーチ・クエスチョン（RQ）を以下の通り設定した。

- RQ1：学習者はどのように問題を提起し、グループでの検討を通してその問題がどのように解決されていったか。
- RQ2：学習者の批判的思考の認知技能はどのように活性化したか。
- RQ3：本章の分析を踏まえて、批判的思考の育成のために、日本語教師はどのような授業デザインを考えるべきか。

2 先行研究と本研究の位置づけ

2.1 批判的思考の定義と構成

批判的思考はクリティカル・シンキング (critical thinking) と呼ばれ、「論理的思考」(logical thinking) や「反省的思考」(reflective thinking) と呼ぶ者もいる。批判的思考には、様々な定義がある。その中で比較的一般に受け入れられているのは、教育哲学者Ennis (1987: 10) の次の定義である。批判的思考とは、「何を信じ何を行うかの決定に焦点を当てた、合理的で反省的な思考である」。道田 (2003) は、批判的思考の概念が曖昧かつ多様であることを指摘し、批判的思考を「論理主義」、「一般的な批判的思考」、「第二波」に区別している。「論理主義」では、よい思考を論理的思考（帰納や演繹、誤謬の認識、計算や評価などの論理操作や論理分析）に還元可能なものと考える古典的な立場を取る。「論理主義」においては、「要素」としての批判や関連諸技能が客観的に領域普遍的な形で取り出されている。それに対して、批判という要素が創造やその他の要素と有機的に連携しながら、思考の中で「重要な位置」を占め、主観的理解などの幅広い目的のために個々の状況や領域に特有の形で働いている姿を捉えたのが、第二波的な批判的思考になる。「論理主義」と「第二波」の間に、創造なども含んではいるが、批判を「主要素」とする「一般的な批判的思考」が存在しているという。このことから、批判的思考は、論理的思考から創造的思考までを含む広範な概念であることがうかがえる。

批判的思考の構成要素に関しても様々な研究が行われている。中でも、批判的思考教育の評価をより信頼性・妥当性の高いものにしていくことができる（抱井2004）と評価されているのは、デルフィ・プロジェクト（Facione 1990）が提示した調査結果である。デルフィ・プロジェクトは、

デルフィ技法と呼ばれるインタビュー手法を用いて、46名の批判的思考研究者から意見を収集したプロジェクトである。デルフィ・プロジェクトは、批判的思考が認知技能と態度・傾性の2側面から構成されることを確認した。認知技能として、解釈、分析、評価、推論、説明、自己統制といった技能が多くの研究者の同意を得た。態度・傾性としては、好奇心を持つこと、情報に通じていようとすること、批判的思考の機会を意識すること、論理的探求のプロセスや論理的に考える能力に自信を持つこと、オープンな心を持つことなどが挙げられた。文他（2009）は、デルフィ・プロジェクトが提示した「自己統制」がほかの認知技能と異なる次元にあることを指摘し、「メタ批判的思考」と名づけ、一般的な批判的思考の上位概念として位置づけ、さらに、一般的な批判的思考が認知技能と態度に分かれるとしている。本章では、文他（2009）と同じ立場に立ち、メタ認知としての「メタ批判的思考」をその他の「批判的思考」の認知技能と区別して扱う。そして、「メタ批判的思考」の下位に位置する批判的思考の場合は「狭義批判的思考」とし、より広い概念としての批判的思考と区別する。

2.2 批判的思考の育成

批判的思考の育成には、①批判的思考の一般原則そのものを教える「ジェネラル・アプローチ」、②既存の科目の中で思考の原則を取り扱う「インフュージョン・アプローチ」、③思考の一般原則を明示せず、思考を誘発する「イマージョン・アプローチ」、④以上のアプローチを混合した「ミックス・アプローチ」がある（Ennis 1989）。外国語教育を含む専門教育に一般に使用されるのは、②のインフュージョン・アプローチと③のイマージョン・アプローチである。

批判的思考の育成には、対話の重要性が唱えられてい

る。ブラジルの教育者フレイレ（1970 [1979]: 104）は、「批判的思考を要求する対話だけが、同時に批判的思考を生み出すことができる」と指摘している。道田（2004）は、批判的思考のある学びを考察するため、批判的思考のない学びについて論じている。批判的思考のない学びを論じる際に、対極的に出てきた言葉として、「納得」「自問自答」「既有ネットワークへの知識の取り組み」（そのための展開のやり取り）「対等な立場での対話」が挙げられている。道田（2004）は、これらのキーワードをさらにまとめると、「対話」になるとし、批判的思考のある学びとは、「一言で言うと、対話のある学び」（p.165）であると述べている。以上のまとめから、批判的思考と対話の同義性が明らかになってきた。つまり、批判的思考は、対話によって育まれるのである。

2.3　日本語教育におけるピア・リーディング授業の展開

批判的思考に不可欠な対話は、日本語教育でも求められてきている。池田・舘岡（2007: 43）は、日本語教師の関心は「言語のしくみ」から「教え方（教授法）」へ、さらに「学習者の学びとその支援」へと移ってきたと述べている。この教育的関心の変化によって、他者との対話は不可欠なものとして位置づけられ、近年、対話に基づいた教育実践が広がり、多く報告されてきている。

日本語の読解授業も同じ流れを受け継ぎ、読みのプロセスを共有し、他者とともに読みを作っていく読解授業、すなわちピア・リーディング授業が注目され、展開されつつある。舘岡（2011）は、日本語の読解授業には正解を求める読解授業、リーディング・ストラテジーを身につけるための読解授業、他者と読むという開かれた読解授業の3種類があると振り返っている。そして、前の2つは、個体主義的な言語能力観に支えられており、3つ目は、作者との

対話、仲間との対話になり、対話として開かれたものであると指摘している。石黒（2017）は、読解授業の新たな潮流として、自らの文章理解を他者の目で可視化・相対化する点、知識・技能の習得から効率的運用、批判的読解へシフトしていく点を挙げている。これらの研究から、日本語の読解授業も、他者との対話を重視し、批判的思考を目指していることがうかがえる。

2.4　本章の課題

批判的思考は教育で育成することが目指されているが、その育成の実態については、不明な点が多々あるようである。教室場面での批判的思考の評価には、大きく分けると、①批判的思考の論理的な側面や省察的な側面を評価するテスト、②ジェネリックスキルとしての批判的思考力を包括的に評価するテスト、③その授業が焦点を当てている批判的思考の側面（例えば、学習者の質問力）を中心に評価するものがある（平山2015: 32）。①と②は、事前・事後のテストセットが用いられ、批判的思考の評価の主流になっている。③の研究はまだごく少ないようで、教室談話で批判的思考の育成を詳細に検討する研究は、管見の限り見当たらない。

一方、本研究が着目する日本語ピア・リーディング授業も、同じ課題を抱えている。学習者の自己報告（学習者を対象としたインタビュー調査、アンケート調査、学習者の気づきなど）を分析資料にする研究は多く見られる。霍（2015）が指摘するように、意識面のデータだけではなく、授業中の談話や学習者のプロダクツなどの現象面のデータの複合的分析も必要である。

これまでに、授業中の談話や学習者のプロダクツをデータにした研究には、舘岡（2010）、楊（2012）、胡（2015）がある。舘岡（2010）は、学習者たちが「どんな授業がい

い授業か」、「どんなテキストがいいテキストか」について話し合う談話を分析し、参加者たちの多様な価値づけのせめぎあいの場としての教室を考察している。楊（2012）は、論文作成における課題論文のピア・リーディングを対象に、学習者のタスクシートの分析を通じて、学習者の批判的な読みが活性化される様子を考察している。胡（2015）は、ピア・リーディング授業の一環としてのグループ・ディスカッションに着目し、発話機能の観点から学習者同士の合意形成のプロセスを明らかにしている。ただし、授業中の談話を詳細に分析することを通じて学習者の批判的思考のあり方を探る日本語教育の研究は管見の限り存在せず、学習者の批判的思考の育成のために、ピア・リーディング授業の教室談話を分析することには一定の意義が存すると考えられる。

　以上のように、批判的思考の研究領域においても、日本語ピア・リーディング授業の研究領域においても、授業実践における教室談話を詳細に分析する研究が不足していることが指摘できよう。このような課題を踏まえ、本章では、グループ・ディスカッションの談話を分析することで、学習者の批判的思考が日本語教育のピア・リーディング授業においてどのように活性化しているのかを示すことを目的とする。

3 分析対象のデータと分析方法

3.1 分析データの選択

　分析対象とする授業実践は、本書の第1章で紹介されている日本語の読解授業である。本章では、批判的思考で重視する「批判」と「創造」要素に着目し、第10回の授業「疑問点に反論する」（以下、【疑問の回】とする）、第11回の授業「代替案を考える」（以下、【代替の回】とする）を選ん

で分析データとした。

　【疑問の回】においては、学習者は「自己との対話」の時間に俗語と標準語について論じる文章を読み、疑問や誤りだと思う点とその理由を課題シートに書く。「他者との対話」の時間にグループメンバーとそれぞれの解答について話し合い、グループの解答を決める。「全体との対話」の時間に、それぞれのグループの代表者がグループの解答を発表し、教師やほかのクラスメートからフィードバックを受ける。批判的思考の認知技能という視点から見れば、【疑問の回】は、「評価」が中心に求められているように思われる。

　【代替の回】においては、学習者は「自己との対話」の時間に発話の状況を決める3つの軸（場面：あらたまった・くだけた、話題：硬い・柔らかい、機能：丁寧な・ぞんざいな）について書かれた文章を読み、その3つの軸の代替案とその理由を課題シートに書く。「他者との対話」の時間にグループメンバーとそれぞれの代替案について話し合い、グループの代替案を作る。「全体との対話」の時間に、それぞれのグループの代表者は代替案を発表し、教師やほかのクラスメートからフィードバックを受ける。批判的思考の認知技能から見れば、【代替の回】は、「推論」が中心に求められていると考えられる。

　【疑問の回】と【代替の回】において、学習者は5つのグループに分かれてピア・リーディングを行った。【疑問の回】の場合、出席した18名の学習者に加え、2名の日本人大学院生が見学者として参加していた。1名の学習者は遅く来たため、教師と2人で話し合うことになった。そのため、このペアは分析対象から除外した。したがって、【疑問の回】では、20名（学習者18名、見学者2名）を対象とした。【代替の回】に出席した学習者は19名であった。

　本章の目的が日本語ピア・リーディング授業における学

習者の批判的思考の活性化を示すことにあるため、学習者間の対話が文字起こしで可視化しやすい「他者との対話」を中心に分析することにした。なお、【疑問の回】においては、各自の解答をめぐるやり取りが終わって、グループとしての解答を選ぶ際に、各自の解答をめぐるやり取りと同じ意見が繰り返された場合が多かった。そのため、批判的思考の分析に際しては、重複した分析を避けるため、「他者との対話」における【疑問の回】のまとめの部分を除外した。「全体との対話」も可視化しやすいが、5つのグループの発表とフィードバックが行われるため、限られた時間内の意見のやり取りが「他者との対話」ほど活発ではなかった。したがって、2回の授業における「他者との対話」のみを対象に分析した。そのほかに、学習者それぞれの解答を確認するために、学習者が記入した課題シートも参考にした。

　本章で用いたデータは、次の通りになる。「他者との対話」の記録は、宇佐美（2011）が定めた基本的文字化の原則（BTSJ）によって文字化が行われた。

　【疑問の回】：5つのグループの「他者との対話」の文字化資料（まとめの部分を除外）
　　　　　　　18名の学習者の課題シート
　【代替の回】：5つのグループの「他者との対話」の文字化資料
　　　　　　　19名の学習者の課題シート

3.2　分析単位、分析内容

　「他者との対話」の文字化資料の分析単位を話段に設定した。話段とは、談話の内部の発話の集合体（もしくは1発話）が内容上のまとまりをもったもので、それぞれの参加者の談話の目的によって相対的に他と区別される単位であ

る（ザトラウスキー 1993: 72）。本研究では、学習者の1つの解答（疑問点、代替案）、またはグループの解答（【代替の回】）をめぐる発話のまとまりを1つの話段とする。2回の授業を合わせて、65の話段（No.1 ～ No.65）が得られた。

　学習者の批判的思考の活性化を示すために、学習者の談話に表れている問題提起・問題解決と、学習者の内面に起きた批判的思考の活性化の両面を分析することが妥当であると考えられる。つまり、まず、学習者間の談話の中で、どのような問題が提示され、その問題は話し合いの中でどのように検討されてどう変化したか（以下「問題提起」「問題検討結果」とする）を分析することが必要になってくる。そして、話し合う過程において学習者の頭の中で働く批判的思考の種類、認知技能は何かを分析することも欠かせない。

3.3　分析例と分析手順

　表1は、分析例の1つである。この話段は、【疑問の回】の話し合いの一部である。学習者Gは、文章に書かれている俗語と標準語の関係について疑問を提起し、ほかの学習者と話し合っていた。表1における「発話文終了」欄の記号は、1つの発話であること（「*」）、または発話がまだ終了していないこと（「/」）を示す。「発話文終了」、「話者番号」と「発話内容」までが、文字起こしした資料である。「認知技能」の欄に示しているのは、学習者の発話から推定した、活性化した認知技能で、筆者の分析結果になる。

　分析の手順は以下の通りである。

(1) 話段の内容が把握できるよう、話段にタイトルをつける。例えば、表1の話段では「方言は標準語を背景として成り立っているのか」というタイトルをつけた。

(2) 学習者の問題提起を分析した。例えば、この話段で

表1　学習者Gの1つの解答に対する分析例

発話文終了	話者番号	発話内容	認知技能
/	G	私は…"標準語は、…画用紙,,	
*	B	あ、うんうんうん。	
/	G	画用紙、の白,,	
*	B	一番後ろ。	
*	見学者	うんうんうん。	
/	G	俗語はそこに<塗るそれぞれの絵の具の色のようなものです>{<}",,	
*	見学者	<うんうん、うんうんうん、うんうんうんうんうん>{>}。	
*	G	て書いてあるじゃないですか?。	
/	G	じゃあ、それは、標準語は白い背景で=,,	
*	見学者	=うんうん。	
*	G	俗語はそこに塗る<絵の具だということですよね?>{<}。	解釈
*	見学者	<うんうんうん>{>}、うん。	
/	G	もしそうだとしたら、この本文では(うん)、方言が俗語だと<しているから>{<},,	
*	見学者	<うんうんうんうん>{>}。	
/	G	方言は標準語を背景として<成り立っている>{<},,	
*	見学者	<うんうん>{>}。	
/	G	感じで言ってる…じゃないん<ですか?、ここでは>{<},,	分析
*	見学者	<うんうんうんうん>{>}。	
*	G	でも、実際それはないです=。	評価
*	見学者	=うん、そうそう、標準語と方言だからね?[↑]。	説明
*	G	はい。	
/	B	でも、ち、た、地方に住んでる人は方言が標準語<だから>{<},,	
*	見学者	<うんうんうん>{>}。	
*	B	方言が<白の場合もあるじゃないですか?>{<}。	説明
*	見学者	<うんうんうんうんうんうんうん>{>}。	
/	B	そこで、標準語を白っていう<のは>{<},,	
*	見学者	<うんうんうんうん>{>}。	
*	B	ちょっと、なんか<笑い>。	評価
*	見学者	ね、ここの、くら、なんか、比べかたが変だよね?。	評価

第5章　「批判的・創造的に読む」段階の話し合い

学習者Gは、読解資料に書かれた「標準語が白い背景で、俗語がそこに塗る絵の具」だという関係について疑問を提起している。そこで、この話段における「問題提起」の種類は、読解資料に書かれた「観点」に対する「コメント」だと判断した。

(3) 検討によって学習者の提起した問題がどう変わったかを分析した。例えば、上掲の話し合いで、学習者Gの疑問に対して、見学者は「そうそう、標準語と方言だからね？［↑］。」と言い、学習者Bは「方言が<白の場合もあるじゃないですか？>{<}。」と言って、学習者Gの疑問を支える新しい根拠を加えた。そのため、「問題検討結果」を「深化」と判断した。つまり、この話段から、学習者は「観点」に対する「コメント」をし、他者との対話によって解答が「深化」したという結果を得た。

(4) 「批判的思考の活性化」の分析は、まず、メタ批判的思考なのか、狭義批判的思考なのかを区別する。この話段においては、学習者の狭義批判的思考の活性化が起こっている。

(5) 狭義批判的思考の場合、さらに、問題解決につながる実質的な発話に対して、活性化したと推定される認知技能（5.1で詳述）を分析した。この話段において、太字（筆者による）になっている発話は、解答が検討される実質的な発話と認定し、それぞれから活性化した認知技能を推定した。例えば、問題提起者である学習者Gが言った「じゃあ、それは、標準語は白い背景で=,,」と「俗語はそこに塗る<絵の具だということですよね？>{<}。」は、1つの発話で、読解資料に書かれた内容についての「解釈」になる。「もしそうだとしたら、この本文では（うん）、方言が俗語だと<しているから>{<},,」、「方言は標準語

を背景として<成り立っている>{<},,」、「感じで言ってる…じゃないん<ですか?、ここでは>{<},,」も、1つの意味を表している1つの発話で、読解資料に書かれた内容に対する「分析」になる。「でも、実際それはないです=。」は、否定的な「評価」になる。このように、この話段において、学習者の狭義批判的思考の認知技能は「解釈－分析－評価－説明（見学者）－説明（B）－評価（B）－評価（見学者）」のように活性化していたと推定される。（　）には、その認知技能の活性化が推定された発話者を示した。発話者が問題提起者になる場合、省略される。以下、同じように表記する。

4 学習者の問題提起と問題検討結果

4.1 【疑問の回】の分析結果

　3.3で分析例を既に1つ示しているが、分析結果がより深く理解されるよう、結果報告に先立ち、分析例を2つ加えることにする。例えば、No.8の話段において、方言に訳された聖典に関して書かれた、「聖典は神の声ですので、特定の声が聞こえてはなりません」という文に対して学習者Eは疑問を持ち、グループとその疑問点について話し合っていた。話し合いの中で学習者Bは「特定の声が聞こえてはなりませんってなったら、標準語も聞こえちゃいけない。」と反論する説明を新たに入れた。この話段に対して、問題提起の対象と性質を「観点」と「コメント」と判断し、対話を通した問題検討結果を「深化」と判断した。

　No.24の話段において、学習者Mは「俗語は仲間内だけで通じる閉じられた言葉だからです」という文に対して、「意味がわかりますけど、わかりますか?、普通には。」と問題点を提起し、学習者Uは「いや、閉じるを連結するん

じゃなくて、同じ、あのう、"仲間内だけで通じる、閉じられた言葉"。」と説明した。学習者Uの説明を受けて、学習者Mは「あーあーあー。」と反応した。この話段に対して、問題提起の対象と性質を「意味」と「質問」と判断し、対話を通して得られた問題検討結果を「解決」と判断した。こうした分析を通して、【疑問の回】における問題提示と問題検討結果に、次のバリエーションが確認された。

【問題提起】
対象：表現（語彙的、文法的表現）
　　　意味（文や段落の意味）
　　　情報（前提として書かれたもの）
　　　論理性（分類や関係づけ、論証過程などの合理性）
　　　観点（提示された各レベルの観点）
性質：質問（理解できないことや理解困難なこと）
　　　コメント（疑問に思うことや誤りだと思うこと）

【問題検討結果】
解決（提起者の疑問点が解決された場合）
深化（提起者の解答に他者の新しい観点・解釈が入った場合）
共有（他者が提起者の解答に対して理解や共感を示した場合）
留保（他者が提起者の解答について相づち以外の反応を示さなかった場合）

【疑問の回】の分析結果は表2に示した。【疑問の回】においては、43の話段が確認された。まず、問題提起の性質から見れば、学習者が提示した解答に、「質問」と「コメント」の2種類が観察された。質問の対象は、語彙、モダリティ、助詞などについての「表現」、文や段落の「意味」となっている。コメントには、文章の「表現」「情報」「論理性」「観点」が確認された。特に文章の「情報」「論

表2 【疑問の回】における問題提起と問題検討結果（N=20）

問題提起		問題検討結果				計	合計
性質	対象	解決	深化	共有	留保		
質問	表現	2	2	0	0	4	10
	意味	1	1	1	3	6	
コメント	表現	2	0	0	2	4	33
	情報	1	3	1	3	8	
	論理性	1	1	2	4	8	
	観点	0	2	1	10	13	
計		7	9	5	22	43	

理性」「観点」は、比較的多くコメントされたことがうかがえる。また、他者との対話を通して、学習者が提示した解答には「解決」「深化」「共有」といった変化が見られた。特に、質問の半分以上は解決、もしくは深化し、コメントにおける「表現」「情報」に関する問題も、約半分が解決、もしくは深化している。他者との対話によって、学習者の既有知識、経験がすり合わせられ、学習者の質問と表現、情報に関する疑問が解決される可能性が示されたと考えられよう。

　最後に、変化が観察されなかった「留保」が、過半数の話段で確認されたことに特に注目したい。他者とグループを作って話したにもかかわらず、解答に何の変化ももたらさなかったことは、ピア・リーディング授業においてグループ活動のプロセスを支援する必要性を示唆しているだろう。

4.2 【代替の回】の分析結果

　次に、【代替の回】について述べる。【疑問の回】と同じように、まず、2つの分析例を示す。例えば、No.45の話段において、学習者Lは、場面、話題、機能から状況を決めるという原文の考えと全く異なる、性別、年齢、内外からなる代替案を提示した。グループの話し合いで、性別は

あまり大きく働かないことが指摘され、学習者Lは、代替案を年齢と内外の2次元に直した。この話段に対して問題提起を、代替案と原文の考えとの異なりという視点によって「全体的変化」と判断し、対話を通した「問題解決の段階」を「深化」と判断した。

No.50の話段において、学習者Cは、原文の考えにある場面と話題をそのまま留保し、機能を人間関係に変更した代替案を提示した。グループの対話で、学習者Kは「あはは＜笑い＞…はあ…そうだよね。」と納得する発話をした。この話段に対して、代替案と原文の考えとの異なりを「局所的変化」と判断し、対話を通した「問題解決の段階」を「共有」と判断した。

上記のような分析を通して、【代替の回】における問題提示と問題検討結果に、次のバリエーションが確認された。

【問題提起】（代替案と原文の考えとの異なり）
全体的変化（構造、要素などに大きな変化が起こること）
拡大（対象を増やすこと）
絞り込み（対象を減らすこと）
局所的変化（同一次元における要素が変化すること）

【問題検討結果】
深化（提起者の代替案に他者の新しい観点・解釈が入った場合）
共有（他者が提起者の代替案に対して理解や共感を示した場合）
留保（他者が提起者の代替案について相づち以外の反応を示さなかった場合）

【代替の回】の分析結果は表3に示した。【代替の回】においては、22の話段が確認された。まず、学習者が提示した代替案とグループとして提示された代替案には、原文の考えと比較して「全体的変化」「拡大」「絞り込み」「局

表3 【代替の回】における問題提起と問題検討結果（N=19）

問題提起 （原文の考えとの異なり）	問題検討結果			グループの問題提起 （原文の考えとの異なり）	計
	深化	共有	留保		
全体的変化	2	2	0	0	2	4
拡大	5	1	3	1	0	5
絞り込み	4	0	2	2	1	5
局所的変化	3	0	3	0	0	3
上記の組み合わせ	3	1	0	2	2	5
計	17	4	8	5	5	22

所的変化」及びそれらを組み合わせた変化が観察された。多様な代替案から、学習者は創造的に思考していたと考えられよう。また、学習者が提示した代替案は、他者との対話を通して「深化」、「共有」といった変化を見せた。そして、グループメンバーは、協働で原文の考えと異なる代替案を作っていた。【代替の回】において、他者との対話によって、よりよい代替案を作ることを目指す問題解決は促進されたと推測される。

5 学習者の批判的思考の活性化

5.1 分析の枠組み

2.1で挙げた先行研究に基づいて、まず、批判的思考をメタ批判的思考か狭義批判的思考かによって２つに分類する。狭義批判的思考の場合、前掲したデルフィ・プロジェクト（Facione 1990）が挙げた「自己統制」（本研究ではメタ批判的思考とする）以外の５つの認知技能を用いて分析を行う。分析概念は以下の通りである。（　）内に筆者による説明を加えた。

【批判的思考の種類】
メタ批判的思考（自己や他者の思考について反省すること）

狭義批判的思考（論理的、創造的な思考）

【狭義批判的思考の場合の認知技能】
解釈（テキストや他者の意見について理解すること）
分析（テキストや他者の意見の論理性、観点などについて分析
　　　すること）
評価（テキストや他者の意見について評価すること）
推論（新しい解答・結論などを提示すること）
説明（評価や新しい解答・結論などについて説明すること）

5.2　メタ批判的思考の活性化

　メタ批判的思考は、自分の批判的思考を計画、点検、調整、評価する技能である（文他2009: 42）。本研究では、メタ的に考える対象に他者の思考を加え、メタ批判的思考を自己や他者の思考について反省することと定義した。本研究で観察できたメタ批判的思考の活性化は、2回のみであった。それは、【疑問の回】で起こったNo.28の話段において、学習者Aが自分の読むプロセスを振り返る部分と、【代替の回】で起こったNo.55の話段において、学習者Aが自らの思考について分析、反省する部分である。

　メタ批判的思考の活性化について、1つの例を見てみる。表4に示しているのは、【代替の回】において学習者Aがグループとしてのまとめの話段で自らの思考について分析、反省する事例である。この事例においては、G3のメンバーがグループとしての代替案を検討するところで、学習者Aが、自分の思考と他者の思考の違いについての話を切り出した。学習者Aは、ほかのメンバーは発話の前という「出発点」から発話を決める状況を考えていたのに対して、自分自身は発せられた発話という「結果」から発話を決める状況を考えていたので、自ら出した代替案のほうが「素朴」に見えると話していた。さらに、学習者Aは、

表4 メタ批判的思考の活性化の事例

発話文終了	話者番号	発話内容
*	A	なんだろ、あのう、どうやら、僕の考え方と、あの、まあ、みなさんというか、ま、そうね、みなさんの考え方がちょっとなんか、なんだろ、切り口はちょっと違う気がしました。
*	F	ん?。
*	A	あのう、僕のこのなんか2つだけの軸っていう、なんかちょっと素朴のように見える、あの、図なんですけど、あのう、なんだろ、結果、を、あの、出発点として見てるわけで、みなさんはなんか、結果っていうより、あの、話し手を出発点としてるんではないかとちょっと思いました。
		(中略)
*	A	例えばなんか、気分とかで、によって、あのう、あと何だったっけ、話題とかによって、言葉は確かに変わるんだけど、なんだろ、あのう…結果的に話された言葉は、なんか、この2つの分類だけで、ま、分類でき、なんか、できない、でもないんですけど、確かに、出発点は、なんだろ、その話してるときは、考えてることは全然違うから、そのなんか、すごいたくさんの軸は作れますな。
		(中略)
*	A	切り口の違いでした、切り口の問題でした、はい。

　その違いは、思考の「切り口の違い」であるとまとめた。この事例から、ピア・リーディングにおける他者との対話は、学習者が他者との思考のあり方の重なりと異なりに気づき、各々の思考についてメタ的に考えさせる機会を提供している点が明らかになったと考えられる。

　メタ批判的思考の活性化が狭義批判的思考の活性化よりはるかに少ない理由は、分析資料に起因すると考えられる。メタ批判的思考は、学習者を対象とするアンケート調査やインタビュー調査、学習者が書いた気づきのメモなど、自ら思考を振り返って反省するデータから多く観察されうるものである。それに対して、本研究で分析したデータはグループ内のディスカッションとしての教室談話で、学習者のメタ的な意識を直接反映しにくい。

5.3 狭義批判的思考の認知技能の活性化

メタ批判的思考の部分を除いたすべての話段に対して、5.1で述べた分析の枠組みによって分析を行った。2回の授業に対する分析結果は次の表5に示す。

全体から見れば、狭義批判的思考は2回の授業の当該時間内にそれぞれ279回、409回活性化し、1人当たり平均それぞれ約14回、21回活性化していた。この点から、ピア・リーディング授業は、学習者に狭義批判的思考を活性化させる機会を提供していることが明らかになった。

認知技能別に見れば、他者との対話で活性化させられた狭義批判的思考の認知技能は、2回の平均では多い順に「解釈」>「説明」>「推論」>「評価」>「分析」になっている。その中で、「解釈」は、2回の授業とも一番多く活性化された認知技能になっている。【疑問の回】における「解釈」は、主にテキストについての理解で、【代替

表5 2回の「他者との対話」で活性化した狭義批判的思考の認知技能

回	グループ	解釈	分析	評価	推論	説明	計
【疑問の回】 (N=20)	G1	28	13	10	3	7	61
	G2	14	8	10	2	25	59
	G3	15	3	5	4	10	37
	G4	37	29	5	4	21	96
	G5	7	4	9	2	4	26
	計	101 36%	57 21%	39 14%	15 5%	67 24%	279 100%
【代替の回】 (N=19)	G1	11	4	12	22	25	74
	G2	45	5	13	24	32	119
	G3	34	0	6	22	41	103
	G4	8	3	0	16	15	42
	G5	34	1	7	10	19	71
	計	132 32%	13 3%	38 10%	94 23%	132 32%	409 100%
2回の合計		233 34%	70 10%	77 11%	109 16%	199 29%	688 100%

の回】における「解釈」は、テキストと他者の両方についての理解になっている。この点から、テキストや他者に対する「解釈」が、ピア・リーディングのベースになっていることが示唆される。「解釈」に続いて2番目に多く活性化した認知技能は、「説明」である。それは、学習者が自らの「評価」(【疑問の回】で中心に求められる)や「推論」(【代替の回】で中心に求められる)を他者に伝えるために、「説明」を積極的に活性化させたからであると考えられる。

以上の分析から、ピア・リーディング授業において、「解釈」－「説明」－「推論」－「評価」－「分析」といった狭義批判的思考の認知技能が多く活性化させられていることがうかがえた。そして、「解釈」「説明」「分析」技能は、「推論」「評価」技能を支え、これらの認知技能が有機的に連携していることが示唆された。

授業別に見れば、【代替の回】で狭義批判的思考が活性化した回数が、【疑問の回】のそれより多かったことがうかがえる。その差異は2点から説明することが可能である。1点目は、【疑問の回】の分析データが【代替の回】の分析データより少ない点である。3.1で述べたように、【疑問の回】においてグループとしての解答を選ぶ際に、各自の解答をめぐるやり取りと同じ意見が繰り返された場合が多かったため、グループとしての解答をまとめる部分を分析データから除外した。これに対して、【代替の回】における「他者との対話」はすべて分析対象にした。2点目は、課題によると考えられる。【疑問の回】においては、学習者が各自の疑問点を皆に説明することが求められ、【代替の回】においては、学習者が各自の代替案を皆に説明することが求められていた。【疑問の回】では、各自が感じたそれぞれの疑問点は、ほかのメンバーから共感が得られなかったり、ほかのメンバーにも理解できなかったりすることがあると、深い対話にならずに流されてしま

うことが予想される。これに対して、【代替の回】では、皆が同じこと（原文の考え）について膝をつき合わせて考えていたので、様々な代替案が出された際に、同感を示したり、疑問やアドバイスを出したりすることが多く見られた。このようなやり取りの中で、狭義批判的思考の認知技能の活性化が多く確認されたわけである。

6 考察と提言

6.1 授業の目標設定と全体構成

　ピア・リーディング授業が目指す目標に、批判的思考の育成は欠かせない。前述したように、批判的思考は、教育一般においても外国語教育においても重要視されており、教育の目標として目指されている。日本語の読解授業においても、文章を理解することだけでなく、批判的・創造的に読むことが求められるべきである。授業全体の内容は、目標が実現できるように構成しなければならない。

　本授業実践は、批判的思考の育成によい事例であると評価できそうである。授業は「深く・正確に読む」ことを目指す前半と、「批判的・創造的に読む」ことを目指す後半からなっている。授業目標には、論理的思考から創造的思考を含む批判的思考をカバーしていると言えよう。前掲したデルフィ・プロジェクトが提起した批判的思考の認知技能（Facione 1990）という視点で考えると、「キーワードを定義する」「行間を読む」「文章構造図を書く」などから構成する前半の授業は、解釈、分析などの認知技能に重きを置いていると考えられる。「疑問点に反論する」「代替案を考える」「自分の関心を説明する」「書評を書く」などから構成する後半の授業は、評価、推論などの認知技能に重きを置いていると考えられる。

6.2 授業形態の設定

　ピア・リーディング授業は、学習者が自己、他者と対話ができるよう工夫しなければならない。前述したように、批判的思考の育成には、対話が特に重要である。ピア・リーディング授業で、学習者が対話を通して問題を発見・分析・解決するプロセスを経験できるよう、授業の形態を設定する必要がある。

　本授業実践の1回分は各30分の3つのパートに区分され、「自己との対話」「他者との対話」「全体との対話」からなっている。最初の30分は、テキスト、自己との対話になり、真ん中の30分は、グループメンバーとの対話になり、最後の30分は、教師、クラスの全員との対話になる。このような多様な対象との対話によって学習者の批判的思考の活性化が促されることが予想される。

6.3 課題の設定

　ピア・リーディング授業を行うにあたっては、批判的思考を育成できるような、対話に適した課題の設定が欠かせない。具体的に言えば、学習者が対話を通して、批判的思考の認知技能を活性化し、問題を発見・分析・解決できるような課題が望ましい。また、課題に合わせ、学習者がある程度理解でき、学習者の今までの経験とかかわりのある題材の選択も重要である。

　本章で分析したのは、【疑問の回】と【代替の回】のみだが、分析結果が示すように、学習者が提示した質問やコメントから、学習者は批判的に読んでいることがうかがえ、学習者が提示した代替案から、学習者は創造的に読んでいる様子がうかがえた。また、他者との対話を通して、学習者の解答に解決、深化、共有などの変化が見られたことから、学習者は他者との対話を通して、既有知識、経験を活かしたすり合わせを行い、問題解決に向かっていく様

子が確認された。また、ピア・リーディング授業において、学習者の狭義批判的思考が頻繁に行われ、「解釈」－「説明」－「推論」－「評価」－「分析」といった認知技能が多く活性化させられることがうかがえた。したがって、ピア・リーディング授業において、疑問点を探し、代替案を作るような課題が、学習者の批判的思考の育成に有効であると言えよう。

また、課題に載せる題材の選択も重要である。学習者の批判的思考の認知技能を多く活性化するため、学習者がある程度理解でき、学習者のこれまでの経験とかかわりのある題材のほうが望ましいだろう。本授業実践で使う題材は、出版されている社会言語学のテキストである。第2章で述べているように、テキストについて、学習者は難しさを感じていた。そこから疑問点を探し、あるいは、テキストにある案に代わる代替案を作る課題が出されると、「無理やりに探した」（学習者Pのインタビューによる）ことや、疑問点の代わりに質問だけを提起することになり、当然、その後の検討にも支障をきたしかねない。この点から見れば、今回分析した2回の授業の課題の形式はよいが、課題の題材を見直す余地が残っていると言えよう。

6.4 教師のファシリテーション

教師は、グループでの話し合いを注意深く観察し、グループメンバーが順番で発表していき、意見のやり取りがあまり起こらないグループを見極め、ファシリテートする必要がある。教師が観察する際に、グループ内の発話数と他者の反応が有効な指標になる。

グループの話し合いの差を示すため、G4とG5の話段からそれぞれ1つ選んで表6にまとめ、仔細に検討する。G4のNo.28の話段は、問題が「解決」された優れた事例で、G5のNo.40の話段は、問題が「留保」された事例である。

表6　2つのグループにおける話段の対照（【疑問の回】）

グループ	話段番号	提起者	発話数	認知技能の活性化プロセス 1:解釈　2:分析　3:評価　4:推論　5:説明 （カッコ内は話者、提起者の場合は省略。「見」は「見学者」の略）	解答の変化
G4	28	L	29	1－2－1（A）－1（見）－1（H）－1(見)－1（H）－2（H）－2(A)－5（H）－1（A）－2（H）－1（A）－1(A)－1（見）－1(A)－1－1(A)－1(H)－3(H)－1(見)－1(H)－1(見)－1(H)－1(見)－3(A)	解決
G5	40	N	2	5－3	留保

　G4の話段における発話数は、明らかにG5のそれより多かった。そして、G4の話段では、解答の提起者だけではなく、グループのほかの3名の学習者も問題解決につながる実質的な発話をしていた。それに対して、G5の話段では、解答の提起者のみ実質的な発話をしており、ほかの学習者の実質的な発話は見られなかった。この点から、ピア・リーディング授業において、各々の解答の発表で終わるのではなく、他の参加者を巻き込んで活発な対話を起こすほうが、よりよく問題解決に向かっていくことが検証されるだろう。ピア・リーディング授業において、教師は教室を見渡す場合、意見のやり取りがあまり起こっていないグループがないか、つねに注意を払うべきであろう。

7 まとめ

　本章は、日本語ピア・リーディング授業において、学習者の批判的思考はどのように活性化しているのかを教室談話を通じて示し、日本語教育に示唆を提示することを目的としている。具体的には、3つのリサーチ・クエスチョンを立て、「疑問点に反論する」と「代替案を考える」をテーマとした2回の授業を対象に分析した。それに対する解答は以下の通りである。

・RQ1：学習者はどのように問題を提起し、グループでの検討を通してその問題がどのように解決されていったか。

　ピア・リーディング授業において、学習者はテキストに対する質問とコメントを提起しながら、批判的にテキストを読んでいた。そして、テキストに書かれた原文の考えと様々な異なりを見せた代替案を作り、創造的にテキストを読んでいた。
　また、提起された問題に対し、ピア・リーディング授業における他者との対話を通して学習者は既有知識、経験を活かしたすり合わせを行い、それによって問題に対する解答は解決、深化、共有などの変化がもたらされ、問題解決へと向かっていった。

・RQ2：学習者の批判的思考の認知技能はどのように活性化したか。

　ピア・リーディング授業における他者との対話を通して、学習者は他者との思考のあり方の重なりと異なりに気づき、各々の思考についてメタ的に考えていた。
　また、ピア・リーディング授業において、学習者は解釈、説明、推論、評価、分析といった狭義批判的思考の認知技能を多く活性化させていた。解釈、説明、分析といった認知技能が、推論と評価といった認知技能を支え、これらの認知技能が有機的に連携する様子が観察された。

・RQ3：本章の分析を踏まえて、批判的思考の育成のために、日本語教師はどのような授業デザインを考えるべきか。

批判的思考の育成のための授業デザインとして、次の4点を考えることができる。
　1つ目は、批判的思考を日本語教育の目標に位置づけ、授業実践に学習者の解釈、分析、評価、推論、説明などの認知技能が活性化できる活動を盛り込むことである。
　2つ目は、学習者が批判的思考を行えるよう、自己、クラスメートや教師などの他者、テキストと対話する活動を盛り込んで、対話を通して問題を発見・分析・解決するプロセスを経験させることである。
　3つ目は、疑問点を探し、新しい案を作るような、学習者の論理性、創造性を含む批判的思考の育成に適した課題の設定をすることである。また、課題に合わせ、学習者がある程度理解でき、学習者の今までの経験とかかわりのある題材の選択も重要である。
　4つ目は、グループでの話し合いを注意深く観察し、問題解決につながっていない対話がなされているグループを見極め、ファシリテートすることである。具体的な方法として、司会役をつけること、教師やTAが入って話し合いかたを見せること、メタ的に対話の意味について話し合うことなどが挙げられる。

参考文献

池田玲子・舘岡洋子（2007）『ピア・ラーニング入門―創造的な学びのデザインのために』ひつじ書房

石黒圭（2017）「どうすれば読解授業がうまくいくのか―学術日本語を学ぶ留学生のピア・リーディング授業を対象に」国際基督教大学日本語教育研究センター主催連続講演会第4回講演資料

宇佐美まゆみ（2011）「改訂版：基本的な文字化の原則（Basic Transcription System for Japanese: BTSJ）2011年版」http://www.tufs.ac.jp/ts/personal/usamiken/btsj2011.pdf（宇佐美まゆみ（2007）『談話研究と日本語教育の有機的統合のための基礎的研究とマルチメディア教材の試作』（平成15–18年度科学研究費補助金基盤研究 B(2)（研究代表者 宇佐美まゆみ）研究成果報告書）所収の「2007年3月31日改訂版」の2011年改訂版）

抱井尚子（2004）「21世紀の大学教育における批判的思考教育の展望―協調型批判的思考の可能性をもとめて」『青山国際政経論集』63,

pp.129–155.

霍沁宇（2015）「『三つの対話』を用いた読解授業における日本語上級学習者の読み方の意識変容プロセス」『日本語教育』162, pp.97–112.

楠見孝（2011）「批判的思考とは―市民リテラシーとジェネリックスキルの獲得」楠見孝・子安増生・道田泰司編『批判的思考力を育む―学士力と社会人基礎力の基盤形成』pp.2–24．有斐閣

胡方方（2015）「日本語学習者のグループ・ディスカッションに見られる合意形成のプロセス―ピア・リーディングの談話データをもとに」『一橋日本語教育研究』4, pp.127–136.

佐藤慎司（2005）「クリティカルペダゴジーと日本語教育」『WEBリテラシーズ』1, pp.95–102.

ザトラウスキー，ポリー（1993）『日本語の談話の構造分析―勧誘のストラテジーの考察』くろしお出版

舘岡洋子（2010）「多様な価値づけのせめぎあいの場としての教室―授業のあり方を語り合う授業と教師の実践研究」『早稲田日本語教育学』7, pp.1–24.

舘岡洋子（2011）「協働による学びがはぐくむことばの力―『教室で読む』ということをめぐって」『早稲田日本語教育学』9, pp.41–49.

フレイレ，パウロ（1970 [1979]）『被抑圧者の教育学』（小沢有作・楠原彰・柿沼秀雄・伊藤周訳）亜紀書房

平山るみ（2015）「批判的思考力の評価―どのように測定するか」楠見孝・道田泰司編『批判的思考　21世紀を生き抜くリテラシーの基盤』pp.30–33．新曜社

道田泰司（2003）「批判的思考概念の多様性と根底イメージ」『心理学評論』46, pp.617–639.

道田泰司（2004）「学びにおける（無）批判的思考に関する覚書」『琉球大学教育学部紀要』65, pp.161–171.

楊秀娥（2012）「論文作成における『読む』活動の試み―中国の日本語専攻における卒論指導実践の分析から」『日本語／日本語教育研究』3, pp.91–108.

Ennis, R. H. (1987) A taxonomy of critical thinking dispositions and abilities. In Joan Boykoff Baron & Robert J. Sternberg (Eds.) *Teaching thinking skills: Theory and practice* (pp.9–26). New York: W. H. Freeman.

Ennis, R. H. (1989) Critical thinking and subject specificity: Clarification and needed research. *Educational Researcher* (18), pp.4–10.

Facione, P. A. (1990) *Critical thinking: A statement of expert consensus for purpose of educational assessment and instruction*. Newark, DE: American Philosophical Association (ERIC Doc. No. ED 315 423)

孙有中(2011)「突出思辨能力培养、将英语专业教学改革引向深入」『中国外语』41, pp.49–58.

文秋芳・王建卿・赵彩然・刘艳萍・王海妹(2009)「构建我国外语类大学生思辨能力量具的理论框架」『外语界』130, pp.37–43.

第6章
司会役の役割
司会役はグループ・ディスカッションにどこまで貢献できるのか

胡 方方・石黒 圭

ピア・リーディング授業のグループ・ディスカッションでは、参加していない教師の目からは把握しにくいのですが、よく観察すると、その中に話し合いを深めたり広げたり方向性を決めたりする司会役が出現することがあります。では、司会役の出現は、グループ・ディスカッションにどのような影響をもたらすのでしょうか。本章では、グループ・ディスカッションにおける司会役の役割について考えます。

1 はじめに

　学習者が主体的に学び合うピア・ラーニングは、日本語教育では90年代後半に実践が始まり（広瀬他2016）、2000年前後から研究が盛んになり、その効果が検証され、現在でも日本語教育の多くの教室で実践が行われている。しかし、どうすればピア・ラーニング授業をよりうまく進められるのだろうか。
　第4章では、談話における個々の発話機能や、話段という話題による内容のまとまりに着目し、どのように合意に至るかという話し合いの合意形成プロセスを分析した。しかし、話し合いには参加者による自律的運営という人間的な側面がある。話し合いに参加する学習者は、グループの

中でそれぞれふさわしい役割を引き受け、その役割から話し合いに貢献し、課題として与えられたゴールに向かって相互に協力しながら話し合いを進めていく。もちろん、その役割は可変的なものであり、相互作用の中で互いの役割を柔軟に交替していく主体的な営みである。そうした学習者主体のディスカッションの中で、特に重要なのが、話し合いを適切に導く司会者としての役割、いわゆる司会役である。もし教師が本来担うべきファシリテーターの役割を代わりに果たせる人がいるのなら、グループ・ディスカッションをより良い方向へ導き、参加メンバーの議論の質が深まり、議論の幅が広がることが期待できるだろう。

本章は、上述の内容を踏まえ、次の二つのことをリサーチ・クエスチョンとして掲げる。

- RQ1：グループ・ディスカッションの中で、司会役が不在の場合、どのような問題が生じ、司会役の存在によってその問題がどのように解決されるのか。
- RQ2：司会役の存在によってどのような弊害が生じるのか。また、そうした弊害はどのような方法で取り除くことができるのか。

グループ・ディスカッションにおける司会役の有無による影響を明らかにすることで、ピア・ラーニングの授業のデザインを考える教師の参考となることを目指したい。

2　先行研究と本研究の位置づけ

本章は、ピア・リーディングの授業を対象に、グループ・ディスカッションでの司会役の役割を考察するものである。ピア・リーディングは、舘岡（2000）で「学習者同

士が助け合いながら問題解決を行い、テキストを理解していく読みの活動」と定義されており、舘岡(2005)では、2人の上級日本語学習者を対象にしたピア・リーディングのパイロット調査が紹介され、学習者がテキストを読んで、話し合いながら読みを深めるプロセスを分析した結果、学習者同士が互いに学び合い、自分の理解を見直す姿が明らかにされている。

　品部(2010)では、日本人教師と、スペイン語およびカタルーニャ語の2言語を母語とする学習者が全員で文法問題の答え合わせをしている場面に生じたやりとりを取り上げ、談話分析を行った。学習者同士のインタラクションにより、当初問題となっていた文の理解が得られたと述べている。学習者の提示した疑問や推測をめぐるやりとりが、個々の学習者の内面の認知スペースで進める意味構築の作業を助けていると指摘しており、本章で扱う談話にも当てはまる指摘である。

　ジョンソン他(2010)では、教師が協同学習の授業前に決定しておくべきことを6項目紹介している。その中の、「役割を割り当てる」の項目では、生徒の学びがもっとも豊かになるように、グループの各メンバーに「まとめ係」「チェック係」「コーチ係」「精査係」「連絡係」「記録係」「激励係」「観察係」などの役割を割り当てると良く、それは互恵的な協力関係を促進させる有効な方法であると指摘している。本章は参加メンバー全員の役割を扱わず、司会役という目立つ存在に焦点をあてながら、司会役の役割と弊害を見ていく。

　中村(2003)は、「グループ・ファシリテーター」という概念を提起し、現場におけるグループ・ファシリテーションの考え方としてシュワルツ(2002)のファシリテーターについての理論を概観しながら、グループの人間関係を促進するファシリテーターの働きについて、「一人ひとり

のプロセスをとらえること」、「グループの中で起こっているプロセスをとらえること」、「メンバー間でのコミュニケーションのファシリテート」、「グループやメンバーの力を信頼すること」、「グループの中でのファシリテーターの存在のあり方」、「ファシリテーター同士の関係性」という六つの観点から述べたものであり、重要なのは、ファシリテーター自身が自らの体験から学び続けることであると指摘している。この概念は、本章で扱う「司会役」の役割と似ているが、グループの人間関係を促進するように機能するメンバーという面に限定されている点で、本章で扱う「司会役」のほうがより包括的な概念であると思われる。

金井（2007）では、ファシリテーターの役割が異なって出現する二つの講座を比較し、意識変容がより促された講座におけるファシリテーターの役割の特徴を明らかにしている。分析結果として、体験学習において学習者の意識変容を促すためには、複数の役割を発揮させつつ、学習者の体験に対する「問い」とその体験と現実を結びつける事実の「説明」を繰り返すことが重要であると指摘している。

杉本他（2012）は、大学生の意思決定課題のグループ・ディスカッションデータを対象に、熟練したファシリテーターの有無がどのように談話の流れに影響を与えているかを分析したものである。分析の結果、ファシリテーターの存在が参加者の発言数の減少とつながる、ファシリテーターがいるほうが、より深く議論される、ファシリテーターがいる話し合いを経験しても、用いられる工夫をすぐに実践できないという三つのことが明らかにされている。

胡（2017）は、留学生のピア・リーディング授業の2回の談話データを取り上げ、多肢選択的な課題と自由記述式の課題という異なる形式の課題が出された授業の談話を比較することで、学習者の合意形成に影響を与える談話上の諸要因を探ったものである。この胡（2017）には、発話機

能の観点を用いた分析を通じて、司会役の存在がグループ・ディスカッションに好ましい影響をもたらす可能性についての言及が見られる。

　上記の司会役・ファシリテーターへの言及では、グループ・ディスカッションの進行や個々の参加者の学びに対する影響について述べられているが、実際の話し合いの中で進行の役割を果たす人の存在がグループ・ディスカッションにどのような影響をもたらすのかを、具体的な談話例を示しながら丁寧に分析したものは少ない。こうした現状を踏まえ、本章はピア・リーディング授業の11回のグループ・ディスカッション談話データを研究対象とし、司会役の有無がグループ・ディスカッションに及ぼす影響についてのプラス面とマイナス面、およびマイナス面を改善する案を探究することを目指す。

3 分析対象のデータと分析方法

3.1　談話データの文字化および発話文の分割

　本研究では、録音されたデータを宇佐美（2011）の基本的文字化の原則（BTSJ）改訂版に従い、文字化作業を行った。発話文の判定と改行も宇佐美（2011）により行った。

3.2　本章で扱う「司会役」の定義

　本章では、ピア・リーディング授業におけるグループ・ディスカッションの録音データに基づき、2節で挙げた先行文献を参考にしながら、本章で扱う「司会役」を、胡（2018）に従い、「ピア・リーディング授業の話し合いにおいて、参加者の発話の調整、議論の展開、観点の整理など、ディスカッションの進行を管理していると見なされる役割」と定義する。なお、本章の談話例の中の司会役の判定は、筆者自身と本授業担当者の2名により認定を行った。

4 分析結果

4.1 司会役の不在によるディスカッションの沈滞

今回の授業では、毎回グループのメンバーが変わり、特に司会役を指定しなかったため、グループにより、司会役がいたりいなかったりした。談話データを調べてみたところ、司会役がいない多くの場合でディスカッションの沈滞が見られた。参加者が3名いるにもかかわらず2名だけで会話が進んでしまう、意見交換がなく、1人の意見開示で終わってしまう、解答が統一されないまま時間が来てしまうなどの現象が見られた。

4.1.1 グループ内のメンバーの発話数がアンバランス

次の談話例1において、V、Hはそれぞれ165発話、185発話であったのに対し、Dは49発話であった。このように、グループ・ディスカッションで、学習者それぞれの発話数がアンバランスな結果、不満が残り、ピア・リーディングの楽しさが感じられなくなるという声が学習者の事後インタビューでも聞かれた。このように、中立的な立場に立つ司会役がいないことで、参加者がバランスよく意見を言うことができなくなることがある。

談話例1:「事例を収集する」の回G4—発話数がアンバランスになる

V　あ、僕は、"ワンチャン"。 D　ワンチャン。 H　ワンチャン。 V　聞いたことあります？。 H　ワンチャンは犬？。 V　ん？。 H　犬？。 V　あ、違う、違う、違う、それ "one chance"。	H　あ、"one chance"。 V　"one chance"。 H　"one chance" どういう意味？。 V　可能性が低いけど、、 H　あー。 V　あのう、すこ、あのう、可能性があるからやりましょって感、って意味かな。 V　それでもないけど、 {後略：ほぼ2人での会話が延々と続く}

4.1.2 話し合いが深まらず単調になる

　次の談話例2が示すように、司会役が存在しないこのグループでは、談話の開始も終了も合図がなく、学習者はそれぞれ自分が面白いと思う文を抜き出し、順に紹介しただけで議論が終わった。紹介の段階でもあまりやりとりが見られず、最後の学習者の紹介が終わっても、反応してくれる人がいない残念な結果に終わった。

談話例2：「自分の関心を説明する」の回 G1B—4人それぞれの紹介にとどまる

M　ええと、四つ選んだん、だったん、だけど、ちょっと面白くないなと思う、一つか二つかありますから（笑い）、二つしか発表しないと思います。 {中略：Mが自分の選んだ文を紹介した} M　《沈黙13秒》以上でーす。 N　《沈黙9秒》次に、やります。 N　私は三つ…あります。 {中略：Nが自分の選んだ文を紹介した}	T　《沈黙5秒》私ね?<笑い>。 T　私、あのう、まあ、こちらの、別に、そのインフォメーションないんですけども、#ですね。 {中略：Tが自分の選んだ文を紹介した} K　あはは<笑い>。 T　じゃ、はい。 {後略：Kが自分の選んだ文を三つ紹介し、会話が終わった}

4.1.3 議論がまとまらない

　次の談話例3では、空欄に入れる接続詞をめぐり、3人からそれぞれ異なる解答が出されたが、「みんな違う」「みんなばらばらじゃないの?」という感想にとどまり、進展がなく、残りの空欄の議論に入っている。最後に1番に戻って議論を再開したが、意見が統一されず、三つとも良さそうだということで、意見がなかなかまとまらなかった。

談話例3：「接続詞を入れる」の回 G1—議論が冗長になる

A　一番目「その結果」。 I　「その結果」、うん…,, I　私は、「また」、なんですけど。 A　わかりました,, A　くいちがっていますね。 L　一番は結局何にするの?。 A　あっ、そうだね。 L　みんな一緒に考えてみ。	I　えっ、一番何にしました?。 L　「しかし」。 I　「しかし」?。 I　みんな違う、一番だけ。 A　結局、も、「しかし」?。 L　私だけだけど、「しかし」,, L　みんなばらばらじゃないの?。 {中略}

L　まあ、いいや,,	L　そうなんだ?。
L　2番目、2番目を先にやりましょう。	I　オッケー。
{中略：八つの空欄を一通り議論する}	L　そうなんだ。
A　じゃ、何にする？1番。	{中略}
A　じゃ、「しかし」で行きますか、やっぱり?。	L　このところ、「その結果」はいいかもしれないしね,,
I　うん。	L　「また」もいいかもしれないかも。

　　限られた時間の中でお互いの解答とその理由を共有し、それをすり合わせることによって一人ひとりの読みが質的に変化することが望ましいが、いくら時間を使っても、議論が平行線をたどってしまうと、対話の効果は希薄になる。談話例3では、どのような文脈を参考に、どのような理由で、3人が「その結果」「また」「しかし」という系列の全く異なる接続詞を選択したのかについては言及されず、最後になっても、3人の中で空欄1についての文脈理解の整理はされなかったように見受けられた。

4.2　司会役の存在によるディスカッションの改善

　　では、司会役がいると、こうした問題がどのように改善できるのであろうか。司会役はファシリテーターの役割を果たし、グループ内の発話の均衡を保ち、参加者に公平な発言機会を与えることができ、発言しない参加者をサポートするサポート役にもなる。また、司会役は、議論が混乱している場合に観点を整理したり、論点を深く掘り下げたりするなど、グループの話し合いを好ましい方向へリードする役割も担う。

4.2.1　発言できない参加者をサポートする

　　次の談話例4では、司会役J（表中に太字でマークしてある。以下同様）は沈黙から口火を切って、例を提示したあと、「またなにか?」と補充例を求めたが、なかなか返事が得

られなかった。そこで、「なんてまとめますか？」、「なんてまとめたほうがいいと思いますか」とたたみかけ、発言に消極的なメンバーをしきりに励まし、相手の意見を引き出す様子が観察された。このように、司会役は意見の引き出し役になり、談話例1で見たメンバーの発言のアンバランスを改善しようとする。

談話例4：「行間を読む」の回G4―発言しないメンバーの意見を引き出す

J　はい、じゃ、まとめましょう。 J　《沈黙7秒》ええと、フォーリナートーク。 J　あの、例が、"ぼうちょう'包丁'、ナイフ"、"昼ごはん、ランチ"、"車をカー"にする、この三つ。 J　また、なにか[↓]。 J　包丁をナイフ…昼ごはんを…ランチ。 D　英語で使おうとしてる[↓]。 J　はい。 J　違いますか?。 J　これ、なんてまとめますか?=。	D　=なんか、"了解"を"オーケー、オーケー、オーケー"っていうじゃないですか[↓]。 J　あー、はい。 D　はい、はい。 J　あの、これ、まとめるんですけど、なんてまとめたほうがいいと思いますか[↑]=。 D　=つまり、ある日本語をわざと英語で話そうと、、 J　はい。 D　しています。

4.2.2　グループ・ディスカッションの進行を適切に管理する

　談話例2と違い、次ページの談話例5は、Vという明らかな司会役が存在している。Vは全員に発言の機会を与え、解答提示のほか、根拠提示なども求め、談話例2のような単なる答え合わせにとどまらない議論の進め方をしていた。また、そのまま議論を続けても議論が平行線をたどることに気づき、議論を一呼吸置くために、次の問題の空欄を先に埋めるように導くストラテジーを使用していた。このような司会役がいることで、授業中の限られた時間で作業をよりスムーズに進めることが期待できる。

4.2.3　論点を焦点化して検討させる

　談話例6では、Lの疑問を聞いた司会役のAは、その疑問が自分でもわからない。そこで、ほかのメンバーの考え

談話例5：「接続詞を入れる」の回G3―話題の進行をコントロールする

V	「P名前」から、①は?。		{中略：Vはまず理由を述べる}
P	私は「実は」。	V	まあ、他のみんなの意見はどうですかね。
V	「実は」ね、言っていましたね。		{中略：メンバーそれぞれ自分の理由を述べ、議論した}
V	じゃ、「T名前」から。	V	今のところ、ど、ど、どれにしましょうかな。
T	私「例えば」。	U	あああ、じゃんけんで決めますか。
P	「例えば」?。	T	えへ?。
V	「例えば」、、	V	あのう、まず、考え、あのう、文章の解釈をまとめてみましょうかな。
V	え、「U名前」さんは?。	P	じゃ、私からやりますか。
U	僕は「そして」、「そして」。		{中略：それぞれ自分の理解を説明したが、お互い説得できない}
V	あ、みんなバラバラですよね。	V	じゃ、まず①をほっといて【、、
T	うん、難しい。		{後略：次の②番に進める}
	{中略}		
V	じゃ、なぜそうしたとか、から話していきましょうか。		
T	はい。		

談話例6：「疑問点に反論する」の回G4―一人の疑問点を皆で深く考えさせる

L	で、2箇所目は、なんか、標準語、最後の、最後の部分の"標準語が持つ色は白い色"だと、先生はおっしゃったんですけど、、	見	人間味が消える?。[1]
		H	あ、そうだね、あの、神聖な#は、人間、なんか、そういう、人間…なんかいたい、一応距離感が感じられるように、リアリティーではなくてね。
A	うん。		{中略}
L	でも、だ、だい、最後の、第2段落の最後のセンテンス、なんか、"だ、脱色されている"、なんか、あのう、標準語を使うと脱色されている、、	A	あと、なんか、なんだろ、あの、一つだけ、いちいち説明するは、必要はないと思いますので、なんか、ちょっと意見聞きたいっていうか、なんか、結局、あの、イ、なんか、イエスの物語かリアリティーか、どれが、あの、脱色されるって言ってるんでしょうか?。
A	ねー。		
L	これは、ちょっと、意味、なんか、意味じゃなくて、なんか、文脈がわかんなくて、最初から、し、し、白い色は、とおっしゃったんですけど、最後は、なんか、脱色だと…すると、色は混乱してしまく<たんですけど>{<}、、		{中略：皆で議論する}
		見	人間的な温かみとかがあったところが消されるっていうことじゃないですか?。
A	<ね、ね>{>}。	H	うん、それが、標準語では、ないということですか?。
L	一体どういう色だろ、と。	見	標準語にしちゃうと、そういうイエスと弟子たちの、なんだ、人間関係とかそういう、なんですかね、温かさ??みたいのがなくなるって感じ?、色がなくなるっていうか。
A	このところ、俺もなんか、ちょっと、あの、、		
L	うん。		
A	青でなんか囲んだんだけど、この文、よく、意味わからないんです。		
A	<どういう意味なんでしょう>{<}。		

を聞き、グループの中でLの疑問が解決できるように努力しようとする姿勢を見せた。Aの問題提起をきっかけに、4人の十分な意見交換を経て、最終的にLの疑問がおおむね解決し、お互いの理解が深まった。このように、談話例2のような単調な議論に終始する場合とは異なり、司会役が特定の論点を意識的に焦点化することで、深く検討させることができるようになる。

4.2.4 議論が混乱している場合に議論の観点を整理する

司会役がいないと、議論が広がった場合、混乱してしまうこともある。司会者はそうした議論の混乱に対し、適切に議論の観点を整理する役割を担う。談話例7では、メンバー4人がそれぞれ調べてきた「フォーリナートーク」の定義をどうまとめるかという難題に立ち往生している。これに対し、Mは「違ったポイント」の存在に気づき、定義を下す際の整理の手順を決め、より効率的に作業を進めている。このように、優れた司会役がグループの話し合いの方向性を決めることで、ディスカッションを望ましい方向へ導くことができる。

談話例7:「参考文献を探す」の回G4—議論の方向性を決める

（フォーリナートークの定義をめぐり） Q　まとめましょう、フォーリナートークの【。 B　】】うん。 M　あの、一つ、あの、違ったポイントがあると思いますけど、それは、あの、う、話しかが'話す側'は、母語話者に限るんですか?、、 B　あー。	M　この定義には。 M　私の調べて、調べたものの二つには一つは母語話者に、あの限定されて、もう一つはしご、使用言語の異なる人同士として、あの、ええと、まあ、しゅう、習熟ですか??、より習熟優位に立つ側、という、、 B　<あー>{<}。 M　<定義>{>}をされます。

4.3　司会役の存在による弊害

上述の考察からわかるように、グループ・ディスカッションでは司会役が存在することで、一部の人だけで進行し

ていた話し合いのバランスが回復したり、単調であった話し合いの進行が適切にコントロールされるようになったりする。また、ぼんやりしていた論点が焦点化されて、一つの意見を全員で深く掘り下げられるようになったり、錯綜していた論点が整理されて、議論の方向性が定まるようになる。

　このように、司会役の存在は一見いいことずくめのようであるが、司会役が常に良い方向へリードできるとは限らない。たとえば、発言力のある参加者が司会役になると、教師のような役割を発揮してグループ・ディスカッションを支配してしまうことがある。また、参加者の発言の公平性を考えるあまり、一人ひとり順に意見を言わせることに徹してしまい、「Aに質問→解答→Bに質問→解答→Cに質問→……」といった単調な議論にしてしまうこともある。さらに、司会役が司会の役割に忠実になりすぎ、結論を出そうとして議論を強引にまとめ、議論の深まりや広がりを失わせたりすることもある。

　大事なのは、司会役が存在することではなく、司会役を含めたグループ全体がどのように話し合いを進めるかという話の運び方である。ここからは、司会役が存在することによって生じる弊害を観察し、それをピア・リーディングの話し合い教育に生かす方法を考える。

4.3.1　司会役の発話ばかりが増える進行

　発言力のある司会役の場合、話し合いを引っ張っていくことができる半面、話し合い自体を支配してしまうきらいがある。そうした司会役は、教師のように振る舞いがちである。教室談話の研究が明らかにしているように、教師主導型授業の教室の場合、教師による発話の「開始」(Initiation)、それに対する学生の「応答」(Response)、それに対する教師の「評価」(Feedback)という、いわゆるI-R-F型でやりとりが展開することが多い。グループ・デ

ィスカッションでも、司会役が教師のような役割をすれば、このI-R-F型に近いパターンが出てくることになる。次の談話例8を見ていただきたい。

談話例8:「キーセンテンスの連鎖を見る」の回G5－司会役が教師役になる

J　えー、最も重要な文章は何を選びましたか?。 J　はい、どうぞ。 N　最初に出る、"伝達方法は"というところ。 J　はい、"伝達方法は"。 N　はい、この文章。	J　あー。 J　あー。 N　の文章??、と、《沈黙8秒》4ページ目の真ん中ぐらいの"こうしたことは",, J　あー、はい。 N　です。 J　わかりました。

　談話例8では、司会役の学習者Jが教師のような役割を担っている。まず、「最も重要な文章は何を選びましたか?」という「開始」でやりとりを始め、「はい、どうぞ」で参加者の1人を指し、「最初に出る、"伝達方法は"というところ」「2ページ目の、最初の"ただ"」「4ページ目の真ん中ぐらいの"こうしたことは"」という参加者の「応答」を受けて、「わかりました」という「評価」を下してこの話段を終えている。そして、次に別の参加者を指して、同じように回答を引き出している。まさに教師の役割をしているわけである。こうしたI-R-F型の進行は、「開始」と「評価」を常に司会役が担い、「応答」に残りの参加者が入れ替わり来る構造になってしまうため、司会役の発話だけが極端に増えてしまう。

　こうした司会役の教師役化という現象は参加者間に力の差があるときに生じやすい。この授業では、たまたま日本人大学院生の見学者が訪れた回があり、そのとき、その大学院生にも話し合いのなかに入ってもらったが、グループに入ったその大学院生は日本語母語話者という責任感からか、あるいは大学院生という立場からか、談話開始当初、司会役を買って出ている。

もちろん、日本語母語話者の参加によって日本語表現の不安が解消されたり、日本文化に関する適切な知識が提供されたりするメリットは無視できないが、対等な立場での学習者同士の対話を重視するピア・リーディングの趣旨からは逸れてしまい、貴重な対話の機会が妨げられてしまう可能性もある。留学生が日本人学生に一方的に質問する質問役になり、日本人学生がそれに答えるという解説役として固定してしまうのはピア活動にとって望ましいことではない。

談話例9：「疑問点を探す」の回G1―日本人学生が解説役になる

見　え、じゃあ、ど、ど、どうですか?。 見　<笑いながら>ど、どうですか?。 B　私から…?［↓］。 B　あまりわからない<笑>。 見　あはは。 見　おかしいな、ってか変だなーとか。 {中略} B　日本語の問題なんだけど、大丈夫ですかね?。 B　日本語の問題で、ええと、"宗教改革者マルティン・ルターが（うん）、ドイツ語訳の聖書が―,, 見　あー。 B　発行したとき、あははは<笑>。 見　あはは、日本語の間違い。	B　それと、あと、"発行したとき"って、あのう、瞬間のことを言ってるんですけど、そのあとに"ラテン語（うん）訳になじんできたっていう,, 見　<うんうん、あー>{<}。 B　<過去から現在に移ってきた>{>}っていう様子を表してる部分が（うんうん）、読んでると、なんか、ちょっと引っかかって（うん）、"なじんできた"よりは、"なじんでいた=,, 見　=あー。 B　当時の人"がいいかなと思いました、あはは<笑>…こんなようにしか<笑>。

　談話例9は、グループ・ディスカッションの開始部分の談話であり、最初に「見」と記されている見学者の日本人学生が司会役として話し合いの口火を切っている。その結果、この日本人学生は日本語の自然さを判定する役割を期待され、留学生が日本人学生に依存する構図が生じてしまっている。幸い、この見学者はピア・ラーニングのツボを心得ていたため、このあとの談話では質問役に回り、さらには別の参加者Aに司会役をスイッチし（談話例6）、解説役という固定的役割から逃れることに成功しているが、留

学生と日本人学生の混成クラスでグループ・ディスカッションを実施する際には、こうした解説役の役割が固定化してしまいがちな点には留意が必要であろう。

さらに、こうした司会役の教師役化という現象は、学習者間に力の差があるときにも見られる。課題の内容が難しくて、一部の学習者しか洗練した答えを導き出せないとき、その学習者が司会役となって、話し合いの進行を強い力でリードすることになりやすい。

談話例10:「疑問点を探す」の回G3—力のある学習者が話し合いを独占的にリードする

U　じゃ、ま、結構難しいですよね。	U　ええと、なんか、なんというかな、声色というのは、あのー、有標じゃないですか?。
U　仕方ないと思いますけど。	
Q　#。	
M　本当ですか?。	U　有標なんですけど、なんか既に書いてある文の内容は無標か有標のどっちかの一つなんだと思います。
Q　次の課題が…ごめんなさい。	
U　じゃ、まー、3人で<笑い>。	
U　あ、俺から言いますね。	U　でも、それをどうやって比べるのかちょっとわからない、というか、疑問が…ま、疑問に思えたんですよね、これが。
U　ええと、まず最初にちょっとおかしいなと思ったところは、あの、1ページの、ま、結構最後のところなんですけど、ええと…"なんかそのために読み手はそのこえいろ'声色'??、これって、こえいろって読むのかな!。	
	U　で、こっちを一番…あの、一番最初にちょっとおかしいなって思ったんです。
	{中略：Uの解答の披露が続く}
	U　はい、次。
U　先生、すみません、これって"こえいろ"…ですか?、こえいろと読むんですか?。	U　難しいよね?。
	O　難しい。
	O　私はちょっと考えたのは、1ページの…。
U　[こわいろ、と教えられ]、声色ですか。	U　どこですか?。
U　[声色の意味を教師に教えられ]、あー、なんか真似することですよね。	O　1ページの一番後ろ…"ルターが当時のキリスト教会"、
U　で、あの、"声色とそこに書かれている内容を比べてしまうのです"の部分がちょっとおかしいなと思ったんです。	U　あ、はい。
	O　の文章なんですけど、ちょっとよくわからなかったんです。
	U　んー。

談話例10では、歴史的な知識に富む学習者Uによって、この回の課題である疑問点の発見とそれに対する反論が延々と語られる。ほかの参加者はそうした疑問と反論を開陳できるレベルにはなく、何となくよくわからないという疑問点を口にするだけで精一杯であり、その後は知識の

豊富なUによって話し合いは支配されていくことになる。このように、参加者間に知識の面などで力の差がある場合、力のない参加者が力のある参加者に教えを請うという、教師と学生に似た関係になりやすい。

4.3.2　司会役による深まらない進行

　4.1.2で見たように、司会役が不在であると、参加者が自分の意見を順に話していくという流れになりやすい。しかし、司会役が自分の役割を忠実に果たそうとすると、司会役がいないときと同じように、話し合いが単調な進行になりやすい。

談話例11：「行間を読む」の回G4―司会役による単調な進行

J　1番、フォーリナートーク。 {中略：自分の意見を最初に示し、順に意見を言ってもらう} J　じゃあ、全部話したあと、まとめましょう。 J　じゃあ…2番、ティーチャートークの例は、私は、"外国人に串の買い出しをお願いするとき、串と呼ぶんじゃなくて、焼き鳥で鶏肉を刺す木になったもの、と呼ぶ"ことを例にしました。 {中略：順に意見を言ってもらう} J　じゃ、3番。	{中略：自分の意見を最初に示し、順に意見を言ってもらう} J　はい、じゃ4番?。 {中略：自分の意見を最初に示し、順に意見を言ってもらう} J　で、5番，の例は、あの"初めて会った人が何回か話し合ったって言って、いきなりタメ口をしたり、下の名前を呼んだりする、それで不愉快感を感じる"ことを具体的な例で考えました。 {中略：順に意見を言ってもらう} J　はい、じゃ、まとめましょう。 {談話例4に続く}

　談話例4で見たように、学習者Jは、発話しないメンバーの意見を引き出すことに成功しており、その点で優れた司会役である。しかし、まとめに入るまでの進行は機械的である点が惜しまれる。問いを一つひとつ順に掲げ、それについての自分の意見を最初に開陳し、その後、残りの参加者の意見を一人ひとり述べてもらうという型を崩さずに最後まで進んでいく。このような進め方は一見効率がよいように思われるかもしれないが、誰かの意見に触発されて別の参加者が意見を述べる機会を奪うことになる。つま

り、ピア・リーディングの特性を生かした自由で活発な議論が期待できない構図を司会役自身が作り出してしまっているのである。みんなに話してもらうという民主的な運営方法は、談話例4で見たように司会役Jの優れた特徴であるが、それは長所である一方、短所としても働きうるということは、心得ておく必要があるだろう。

4.3.3 司会役による強引な議論の進行

司会役は、ある特定の論点を焦点化して議論を深めたり、錯綜する論点を解きほぐしたりする重要な役割を担う。しかし、司会役が常にそうした役割を担うわけではなく、時には議論の健全な進行を妨げることもある。

談話例12:「キーワードの定義」の回G4—強引な議論の整理

L	人間関係は【。	V	ま、つまり、あの、その世代はどうやって人間と関わってるか、あの、なんの言葉を使ってることに見える…なんていう、言葉で、言葉で見える、見られ【。
A	】じゃ、キーワードに決めた理由。		
L	丁寧で相手に気を配る。		
D	あー。		
V	#。		
A	はい?、今書かなきゃいけないんだよ。	A	】なるほど。
V	いや、今は、今?もう終わったから。	V	うん。
A	みんなそう書いたでしょ?	A	じゃあ、あの、[書きはじめながら]"一つの世代に>{<},,
A	だから理由も書かなきゃいけないよ。	V	<世代っつーか>{>}。
V	じゃあ、みんなの、なんで、なんのキーワード選んで、なぜそれを選んだか	A	おける、人間関係…とはどのようなものか【。
A	】ん、だって、みんなが"人間関係"にしたでしょ?	V	】え、そこで決めるの?みんなの意見聞きたかったけど。
V	みんな"人間関係"?	A	あ、みんなの意見は受け付けません。
A	うん、だから、「V名前」がなんでそれ選んだか聞いてるの。	A	これで正しいんです。
V	あ、ま、いいけど、ま、"あくまで言葉をおおまかに分けると、標準語と俗語に分かれられる。世代の言葉は、ただ世代の俗語である、えっと、俗語は強く感情を表す言葉でおり、どうやって、えと、他人と関わりたいことで人は言葉を選ぶ。よって、その世代が重視してる人間関係を、あの、つたえの言葉で、あれ、世代の言葉で#"。	L	「A名前」は意見がないです。
		A	じょ、<冗談>{<}<笑い>。
		D	<俺もないです>{>}。
		A	とりあえず時間がないから、これを書くんだけど、で、あのみんなまだそれでだめだ、と、や、言ったら、余った時間で書き直す"一つの世代における人間関係は、とは、どのようなものかを言葉で、あの、ま、言葉で,,
		L	私も人間関係<#ます>{<}。

学習者Aは司会役として議論の収束に気をもんでいるようである。このグループ・ディスカッションは限られた時間で課題を完遂し、「全体との対話」というフィードバック・セッションで各グループの解答を発表しなければならないため、司会役を自認する者は話し合いを時間内で収束させようとする。この談話例12の回のように、初めてのピア・リーディングでピア活動のスタイルになじんでいない状況では、なおのことそうである。しかし、せっかくの話し合いの時間を活用して、自由に議論したいと考えている学習者と、そうした生真面目な司会役とはしばしば衝突してしまうことになる。学習者も何回かピア・リーディングを続けていくうちに、時間との兼ね合いで議論を収束させる術を身につけてくるが、特に初期段階においては、グループ・ディスカッションに必要な、ゆとりのある時間を教師が確保し、議論に十分な時間を割ける環境を整える必要がある。

4.4　司会役の弊害を取り除く指導

4.3で見たように、司会役の存在は時に健全な話し合いの進行を妨げる存在になり得る。そうした司会役の弊害を実際の談話例で確認すると、「司会役の発話ばかりが増える進行」「司会役による深まらない進行」「司会役による強引な議論の進行」の三つが見られた。そのような弊害が生じた場合、教師はどのような指導を行い、話し合いの進行を健全なものに回復し得るのだろうか。

「司会役の発話ばかりが増える進行」は、司会役が教師のような役割を担い、教師主導型の授業のようになってしまうケースである。その場合、「司会役―学習者1―司会役―学習者2―司会役―学習者3―……」のような発話連鎖になってしまい、司会役を中心とした話し合いの構図が生じてしまう。そこで、学習者に伝えたいのは、司会役を

固定した存在として考えず、交替することも可能であるという可変性である。司会役は司会者ではなく、話し合いの円滑な進行のために一時的に場を管理する役割を担っているにすぎず、必要に応じて交替してよいということを徹底して伝える必要がある。

司会役に固定されがちな人は責任感の強い人、日本語能力の高い人が多いが、すでに見たように、見学者である日本語母語話者や、当該の話題について知識量が高い人であったりする。発言力の強いそうした人が司会役になりそうな場合、司会役をあらかじめ指定しておくことや、司会役の交替を促す仕組みを作っておくことなどが考えられよう。

「司会役による深まらない進行」は、司会役が自分の務めに忠実であり、一人ひとりの学生にできるだけ公平に解答してもらおうという意識が働いたときにしばしば出現する。司会役が一つひとつの問題について質問をし、参加者がそれに沿って解答するという機械的な流れが固定すると、ピア・ラーニングに必要な参加者同士の自由なやり取りが消失してしまう。参加者の不規則な発言、それによって結ばれる複雑な関係こそがピア・ラーニングの持ち味だとすると、規則的に振る舞う司会役にたいし、ある参加者が別の参加者の発言に自由なツッコミを入れることで働きかけ、その規則性に変化をもたらすように工夫する必要がある。教師はまた、そうした学習者の工夫を奨励する必要があろう。

「司会役による強引な議論の進行」は、我の強い学習者によってもたらされることもあろうが、現実には、すでに見たように、グループ・ディスカッションに慣れていない初期の段階で、切迫する時間のなかで何とか結論をまとめなければならないと考える意識の高い学習者によってもたらされることが多い。こうした事態は、教師がゆとりのあ

る時間配分を考えていなかったことに起因することが多い。したがって、教師としては、議論が尽くせる十分な時間を、特にピア・ラーニングの初期段階で確保するように努めると同時に、ピア・ラーニングで大切なことは、取りまとめの結果（プロダクト）ではなく、話し合いの過程それ自体（プロセス）であることを、折あるごとに強調していくことで、学習者の姿勢は変わっていくと思われる。

5 考察と提言

　本章はピア・リーディング授業におけるグループ・ディスカッションの談話データを取り上げ、司会役の有無が話し合いにもたらす影響を考察した。その結果、次のことが分かった。
　司会役が存在しないと、
(1a) 発言者の偏り：グループ内のメンバーが公平に発言しにくくなり、参加者の発言のバランスが悪くなる
(1b) 単調な進行：一人ひとりが自己の意見を順番に示すだけになり、話し合いの進行が単調になる
(1c) 議論の錯綜：議論の論点が漠然とし、論点が不明確になったり、議論の整理がつかなったりする
といった弊害が生じるおそれがある。
　しかし、司会役が存在すると、
(2a) 発言者の偏りの改善：司会役が、あまり発言しない参加者の意見の引き出し役となり、参加者間の発言のアンバランスが改善される
(2b) 単調な進行の改善：司会役が発言の根拠を示させたり、工夫した進行のストラテジーを用いるなどして、単なる答え合わせから中身のある議論へと議論の質が高まる

(2c) 議論の整理：議論が混乱している場合に論点を焦点化したり観点を整えたりすることで、議論の道筋がはっきりする

ため、ディスカッションのための建設的な環境が整うことになる。

　ところが、司会役の存在が強くなりすぎると、

(3a) 司会役への発言の集中：司会役が、教師主導型の授業の教師役のようになり、司会役の発言ばかりが増えてしまう

(3b) 司会役による単調な進行：議論の進め方が司会役主導になり、公平な発言の機会を重視した結果、意見の提示が機械的な順序になり、参加者間のやり取りの機会が失われる

(3c) 司会役による強引な議論の進行：時間の制約などによって司会役が議論の過程より議論の結果を重視した結果、議論の進行が強引になり、議論の健全さが損なわれる

といった弊害が生じるおそれがある。

　そこで教師としては、

(4a) 司会役の交替：発言権の強い人に司会役が集中しないよう、司会役の指名や司会役の交替の仕組みを作り、発言のバランスを整える

(4b) 参加者の働きかけ：参加者が別の参加者の発言に積極的にツッコミを入れることで、司会役によって機械的に与えられる発言権のパターンに変化を与えるよう促す

(4c) 議論のプロセスの重視：特にピア・ラーニングに慣れない段階において議論の十分な時間を確保すると同時に、議論の結果ではなく議論の過程を重視する意識付けを行う

など、ディスカッションのための建設的な環境改善に努め

ることが提言として考えられよう。

　このように司会役というのは功罪両面を有する。教師はその点に留意して、司会役を育てる必要がある。また、司会役だけでなく、司会役を支える参加者の役割も重要である。司会役が苦手な学習者もおり、強制することは禁物であるが、できるだけ多くの学習者に司会役の難しさと楽しさを経験させると、別の学習者が司会役になったとき、一参加者として司会役の学習者を上手にサポートできるようになると思われる。

6 まとめ

　本章では、ピア・リーディング授業のグループ・ディスカッションにおける参加者同士のやりとりを、司会役の存在と役割という観点から分析した。本章の冒頭で設定した二つのリサーチ・クエスチョンに順に解答する。

・RQ1：グループ・ディスカッションの中で、司会役が不在の場合、どのような問題が生じ、司会役の存在によってその問題がどのように解決されるのか。

　司会役の不在は、一部の参加者同士のみの話し合いになったり、話し合いが深まらなかったり、議論が錯綜したりする原因になり得る。そうした問題は、司会役が存在し、意見をうまく引き出したり、話し合いに変化をつける工夫をしたり、議論を適切に整理することで解決が可能になる。

・RQ2：司会役の存在によってどのような弊害が生じるのか。また、そうした弊害はどのような方法で取り除くことができるのか。

司会役の存在は、発言権の強い司会役に発言が集中したり、発言の公平性の過度な重視から単調な進行になったり、時間的な制約などにより議論のプロセスの軽視が起きたりするという弊害を生む。そのため、一部の人に司会役が偏らない仕組み、参加者の積極的な働きかけの奨励、議論の過程の重視についての意識付けが必要になる。そうした教師の粘り強い指導によって、強い司会役の弊害を取り除くことが可能になる。

　また、優れた司会役を養うことは大切ではあるが、準司会役の出現による議論の健全化を考えると、「全員が司会役になれるような土壌づくり」がさらに重要になると思われる。司会役になっていない学習者であっても、司会役の役割と弊害が理解できれば、自分から積極的に動き、参加者全員で協働学習を作り上げていく姿勢につながることが期待できると思われる。

注

[1]「見」は授業の受講者ではなく、この回に見学に来て、グループ・ディスカッションに入ってもらった大学院生のことである。

参考文献

石黒圭（2016）「教師は何もしなくていい—学習者が主体的に学べる環境作り」五味政信・石黒圭編『心ときめくオキテ破りの日本語教授法』pp.173-187. くろしお出版

宇佐美まゆみ（2011）「改訂版：基本的な文字化の原則（Basic Transcription System for Japanese: BTSJ)」『談話研究と日本語教育の有機的統合のための基礎的研究とマルチメディア教材の試作』（平成15-18年度科学研究費補助金基盤研究 B（2））pp1-20.

金井茂樹（2007）「学習者の意識変容を促すファシリテーターの役割に関する一考察—体験学習におけるファシリテーターの発話に焦点をあてて」『大学研究』34, pp.83-96.

胡方（2017）「ピア・リーディング授業の合意形成に影響を与える諸要因—多肢選択的な課題と自由記述の課題の談話を比較して」『一橋大学国際教育センター紀要』8, pp.81-92.

胡方（2018）「ピア・リーディング授業のグループ・ディスカッションにおける司会役の存在と役割」『一橋日本語教育研究』6, pp.33-42.

一橋大学日本語教育研究会

品部直美（2010）「日本語少人数グループにおける教室談話の分析―文法問題解決の場面にて」『ポリグロシア：言語と言語教育―アジア太平洋の声』19, pp.69–77.

ジョンソン，D.W.・ジョンソン，R.T.・ホルベック，E.J.（2010）『学習の輪―学び合いの協同教育入門』（石田裕久・梅原巳代子訳）二瓶社

杉本航・大塚裕子（2012）「ファシリテーターの有無に着目したグループディスカッションの談話分析」『電子情報通信学会技術研究報告―信学技報』112, pp.7–12.

舘岡洋子（2000）「読解過程における学習者間の相互作用―ピア・リーディングの可能性をめぐって」『アメリカ・カナダ大学連合日本研究センター紀要』23, pp.25–50.

舘岡洋子（2005）『ひとりで読むことからピア・リーディングへ―日本語学習者の読解過程と対話的協働学習』東海大学出版会

中村和彦（2003）「グループ・ファシリテーターの働き」『ファシリテーター・トレーニング―自己実現を促す教育ファシリテーションへのアプローチ』ナカニシヤ出版

広瀬和佳子・舘岡洋子・池田玲子・朱桂栄（2016）「協働の学びを捉え直す」『2016年日本語教育国際研究大会（Bali-ICJLE）』http://bali-icjle2016.com/wp-content/uploads/gravity_forms/2-ec131d5d14e56b102d22ba31c4c20b9c/2016/08/Wakako-Hirose_collaborative-learning.pdf?TB_iframe=true

Schwarz, R. (2002) *Skilled facilitator: A comprehensive resource for consultants, facilitators, managers, trainers and coaches*. San Francisco: Jossey-Bass, A Wiley Company.

第7章
教師の介入
学習者主体の授業に教師は
どこまでどのように介入すべきなのか

布施悠子

　　　　　学習者主体のピア・リーディング授業において、教師はあ
　　　　まり授業に介入すべきではないという意見が一般的です。
　　　　その一方、学習者の話し合いを促進させるためには積極的
　　　　に介入していくべきだという考えもあります。では、実
　　　　際、教師はピア・リーディングを取り扱う読解授業の中
　　　　で、いったいどのようにふるまい、話し合いにかかわって
　　　　いくのが効果的なのでしょうか。本章では、ピア・リーデ
　　　　ィング授業における教師の介入やフィードバックのあり方
　　　　を検討します。

1 はじめに

　　近年の日本語教育では、読解授業においてピア・ラーニ
ングを取り入れた授業実践が多く見られる。こうしたピア
・リーディング授業で対象となる文章は小説や評論などの
一般向けの文章である場合が多い。しかし、学術的・専門
的な文章を読む読解授業でもピア・ラーニングを取り入れ
た授業実践が行われるようになってきている。神村(2012)
では、学術的な専門知識の獲得を目的とした大学院の授業
においてピア・ラーニングを実践した結果を分析してい
る。授業を受けた学生[1]への半構造化インタビューと記
述式アンケートの回答の内容を分析し、大学院初年次にお

ける課題として、独学では整合性のある全体像としての理解を得ることが困難であり、その解決策の手立てとしてピア・ラーニングが有効である可能性を指摘している。さらに、「『院生の学術的な活動に役立つ』という『効果』を生む」(神村2012: 92)と主張している。

　一方、専門的な言語運用を目指した課題の場合、「教師の解説は『減少する』のではなく、『量』よりも『質』に重点を置いた『介入』であることが望ましい」とも述べられている。それでは、実際、どのような質的な介入を行うことがピア・リーディングを行う上で効果的なのであろうか。このことについて、上述の神村（2012）では、学習者への半構造化インタビューの分析と記述式アンケートのコード化に基づいた分析がなされており、我々に重要な示唆を与えてくれる。しかし、こうした分析方法のみでは学習者の動的姿勢を知る上で不十分であり、学術的な文章を読むピア・リーディング授業において、教師が実際に行った介入やフィードバックにあたる発話データと、それを受けて学習者がどう感じたかという情意面の評価の二者の連関を検討する必要があろう。また、教師がどのようなビリーフのもと、介入やフィードバックを行ったのかを分析していくことも、教師の発話行動の裏付けとして有用となると思われる。そこで、本章では、以下の3つのリサーチ・クエスチョン（RQ）を設定し、教師が行ったフィードバックに関する発話データと、教師へのインタビュー、学習者の情意面の評価との連関を分析することで具体的に検討を行うことを目的とした。

・RQ1：担当教師は実際、授業中、介入やフィードバックをどのように行っていたのか。
・RQ2：担当教師の介入やフィードバックに対する学習者の情意面の評価は実際どうだったのか。

・RQ3：RQ1、2の結果から、ピア・リーディング授業における効果的な質的介入として、具体的にどのようなものが考えられるか。

2 先行研究と本研究の位置づけ

2.1 ピア・ラーニング中の教師の介入

池田・舘岡（2007: 131）では、ピア・ラーニングの教師の役割は、授業の促進・進行役としてのファシリテーターとしての役割を重視し、「何かを教えたり説明する機会」は減少するとしている。ここが、教師の役割や介入について上述の神村（2012）と池田・舘岡（2007）の間に微妙な差異が見られる点である。一方、牛窪（2005）は、教師がファシリテーターとしての役割を超えることに関して、「教室には様々な考えを持った学習者が、それぞれ異なる日本語力で存在しており、これら学習者の考えや表現を教師が教室の中で積極的に引き出すことはより大きな教室活動のダイナミズムに位置づけられる可能性を持っている」と述べている。「積極的な介入」か「消極的な介入」かについては明言を避けるが、池田・舘岡（2007: 71）も、「教師は適切な授業デザインをし、学習が進むように場合によっては介入したり促したりして、学習者の学習活動を支援する必要がある」と述べていることから、ある程度の教師の介入は認めていると考えられる。

2.2 本章での介入の定義

現在、ピア・ラーニングにおける教師の役割や介入について、実践的に明らかにしようとする研究が積極的に行われている（川崎・近藤 2012, 本間 2013, 柴田他 2016）。しかし、この教師の介入や役割は学習者、テーマ、活動の種類、教師のビリーフなどによって異なり、一定の形式や基準があ

るわけではないようである。

　本章で対象となる授業は、上級レベルの学習者が学術的な文章を読むというものであった。池田・舘岡（2007）が前提とする中級レベルの学習者を対象にした一般的な日本語の文章の読解におけるピア・リーディング授業とは異なる性質を持つと考えられる。そのため、本章では、池田・舘岡（2007）で述べられている「ファシリテーター」としての役割を重視しつつも、神村（2012）で述べられている学術的な文章の読解に適したピア・リーディング授業を行う上で、教師が学習者の理解促進の一助を担い、学習の満足度を高めるようなコメントを教師側から働きかけていくことを「質的な介入」と捉える。その上で、実際どのように介入が行われていたのか、本当に学習者の満足度を充たす介入であったのかという実態の分析を受けて、どのように介入を行えば学習者の理解促進や情意面の評価を高めることができるのかについて具体的に検討していくこととする。

3 分析対象のデータ

3.1 授業

　本章において分析対象とした授業は、第1章で詳しく述べられているが、「自己との対話」、「他者との対話」、「全体との対話」の3つの部分で構成されている（図1参照）。そのうち、今回分析の対象とする部分は、「他者との対話」の中で、教師が途中、学習者に対して発言した部分と、教師がクラス全体に向けてフィードバックを行った「全体との対話」である。

　次に、分析の対象となる授業は、全14回の授業のうち、「全体との対話」の部分で、教師が実際にクラス全体に対して、フィードバックコメントを述べていた10回分の発言である[2]（表1参照）。

図1　今回の分析対象となる部分（網かけ部分）

表1　今回の分析対象となる授業（網かけ部分）

回	深く・正確に読む（前半）	回	批判的・創造的に読む（後半）
1	キーワードを定義する	8	事例を収集する
2	行間を読む	9	参考文献を探す
3	接続詞を入れる	10	疑問点に反論する
4	予測をする	11	代替案を考える
5	キーセンテンスの連鎖を見る	12	自分の関心を説明する
6	文章構造図を書く	13	他者の関心とすり合わせる
7	課題①：要約文を書く	14	課題②：書評を書く

3.2　担当教師

授業を担当した教師は本コースをデザインし、また、授業で使用された教材の著者でもある。担当教師には、全授業終了後に3回、今回のコース全体を振り返るという観点からインタビューを行っており、担当教師自身のふるまいや介入の仕方、フィードバックについて言及していた部分も分析の対象とした。

3.3　学習者

インタビューに協力してくれた学習者は22名の学習者中、20名であった（以下、学習者のアルファベット表記は第1章に準ずる）。また、学習者へのインタビューは、授業開始時、7回の授業終了時、全授業終了後に2回、計4回行っ

た。そのうち、全授業終了後の2回目のインタビューにおいて、教師の役割やフィードバックに関し、俯瞰的に感想やコメントが述べられていた。そのため、今回は全授業終了後のインタビューにおける教師の介入に対する学習者の評価コメントを分析対象とした。しかし、そのインタビューの中で、教師の介入について言及がなかった学習者が2名おり、実際は18名から得られたコメントが分析対象となった。

4 分析方法と分析結果

4.1 教師のディスカッション中のふるまい
──ディスカッション中の担当教師の音声データから

まず、担当教師は学習者同士がディスカッションしている「他者との対話」の中で、どのように行動していたのか、クラス全体と各ディスカッション・グループへのふるまいに分けて分析していく。

・分析1：クラス全体へのふるまい

はじめに、クラス全体への担当教師のふるまいを分析したところ、次の3つに大別された[3]。

①指示
例）「話し合った結果は〜のように黒板に書いてください」
「他のメンバーの意見もメモしておいてください」
「あと5分で話し合いを終えて、発表してもらいます」
②注意
例）「同じ国の人もメンバーにいると思いますが、日本語で話すようにしてください」

③確認
　例)「まとめ方はわかりますか」
　　　「各グループ、話し合いは終わりましたか」

　上述の内容に基づいて、この3つが、それぞれどの回に出現していたか及び、実際の担当教師の発話量がどの程度であったかについて、発話状況を「他者との対話」のディスカッション中の音声データから確認した。その内訳を表2に示す。

　まず、全ての回において「①指示」が見られる結果となった。また、前半の授業では、活動態度に対する「②注意」や、活動がスムーズに行われているかの「③確認」も行われていた。活動に慣れてきた後半の授業では、活動の「①指示」を行った後、担当教師は対話の進行を学習者にゆだね、再度活動の終了時間の「①指示」をするにとどまっていた。一方、学習者のディスカッション中における担当教師の発話割合[4]を見てみると、ほぼ一定の割合で担当教師が発話していた。ここから毎回課題に対する「①指示」を一定の時間を取って行っていたことがわかる。

表2 「他者との会話」部分での担当教師のクラス全体への発話状況

	回	①指示	②注意	③確認	発話時間	発話割合
前半の授業	2	○	○		2分36秒	9%
	3	○		○	1分55秒	6%
	4	○			1分15秒	5%
	5	○		○	2分02秒	8%
	6	○			1分08秒	6%
後半の授業	8	○			2分18秒	7%
	9	○			1分45秒	5%
	10	○			53秒	3%
	11	○			1分04秒	5%
	13	○			1分48秒	3%
計		10	1	2		

・分析2：各グループへのふるまい
　次に、各グループへの担当教師のふるまいは、次の4つに大別された。

④学習者からの質問への回答
　例）「それでいいと思います」
　　　「○○は〜ということです」
⑤学習者への声かけ
　例）「誰が発表しますか」
　　　「話し合いは終わりましたか」
⑥解答のアドバイス
　例）「〜したらわかりやすいですね」
　　　「〜したほうがいいと思いますよ」
⑦板書を誘導
　例）「終わったなら書いてきてください」

　上述の内容に基づいて、4つの内容がそれぞれどの回にどの程度出現していたかを「他者との対話」の各グループのディスカッションの音声データ全57本から確認した。その内訳を表3に示す。
　結果として、「④学習者からの質問への回答」は質問が出るたびに行っており、その他、学習者がグループの意見をまとめるのに悩んでいる際には、「⑥解答のアドバイス」を適宜行うなど、学習者からのリクエストに応じて対応していることがわかった。一方、「⑤学習者への声かけ」は後半の授業に顕著に表れていた。ここから、批判的・創造的な意見を出す際、対話が滞ることも多く、沈黙が続いているグループへの声かけを行い、対話を促進させようという姿勢がうかがえた。
　ここから、ディスカッション中の教師のふるまいの一連の流れについてまとめると、まずは毎回クラス全体にこれ

表3 「他者との対話」部分の担当教師の各グループ[5]への発話状況

	回	④回答	⑤声かけ	⑥アドバイス	⑦誘導
前半の授業	2	G4、G6			
	3	G5		G4	
	4	G1×2			
	5	G1	G3		G4、G5
	6	G4、G5	G5		
後半の授業	8		G1、G2、G3×3、G4、G5×3		
	9	G1×3、G2、G6	G1×2	G1×2	
	10	G3×2	G1×2、G5		
	11	G2×2	G2、G4、G5	G5	
	13	G4			

から行う活動内容の指示を行い、その後は、個々の学習者からの質問に答え、対話が滞っているグループに声かけをし、また再び終了時間をクラス全体に伝えることで時間管理を行い、発表の誘導や指示を行っていた。よって、「他者との対話」部分では、教師はできるだけ沈黙を保ち、回答などを直接伝えることを避け、必要に応じて対話がうまくいくように支援するこの授業の「ファシリテーター」としての役割に徹していることが明らかになった。

4.2 教師のフィードバック内容──発話データから

次に、「全体との対話」、つまり、教師によるフィードバックセッションにおける発言内容は、以下の5つに大別された。

①学習者への解答の指示
　例）「解答をお願いします」
　　　「発表してください」
②解答の要約
　例）「〜という解答でした」

「〜という答えだそうです」
　③解答に対する質問・確認
　　例）「〜ということですね」
　　　「〜ということでいいですか」
　④解答に対する感想
　　例）「いいですね」
　　　「そういう考えもありますね」
　⑤解答に対する解説
　　例）「Aについては〜という答えが当てはまります」
　　　「Bは〜とも考えられます」
　　　「Cは〜という考え方も間違いではありません」

　上述の内容に基づいて、5つの内容がそれぞれどの回に出現していたか、および実際の担当教師の発話量がどの程度だったかについて発話状況を担当教師のフィードバック部分の発話データから確認した。詳細を表4に示す。

　結果として、全ての回において「①学習者への解答の指示」が見られた。前半の授業では、「②解答の要約」と

表4 「全体との対話」部分における担当教師の発話状況

	回	①指示	②要約	③質問	④感想	⑤解説	発話時間	発話割合[6]
前半の授業	2	○	○		○	○	14分52秒	86%
	3	○	○	○		○	14分37秒	95%
	4	○	○			○	23分54秒	87%
	5	○	○	○	○	○	20分27秒	85%
	6	○	○		○	○	24分30秒	73%
後半の授業	8	○			○	○	6分45秒	35%
	9	○	○		○	○	30分20秒	88%
	10	○		○		○	14分47秒	56%
	11	○	○		○		6分20秒	31%
	13	○					3分40秒	17%
計		10	7	4	6	7		

「⑤解答に対する解説」が各回に現れていたのに対し、後半の授業では、②も⑤も5回中2回となっていた。また、フィードバック部分における担当教師の発話がフィードバック部分の20分から30分の間にどのくらいの割合で起こっていたかを割合で見てみると、前半の授業では、担当教師が積極的に発言していたため73％から95％であったが、後半の授業では、9回の授業に例外が認められるものの、全体的に担当教師の発話量が少なくなっていた。

　ここから、担当教師が「全体との対話」をクラス全体で共有することを重視し、学習者の発表を詳しく聞くことに時間をかけ、授業の進行とともに自身の発話量を減らしていることが明らかになった。よって、フィードバック部分においても、担当教師は知識を学習者に与えるこの授業の「専門家」から、学習者の声を拾い上げ、授業の場をまとめる役割の「ファシリテーター」としての役割に徐々に役割を変化させていることがわかった。

4.3　教師のビリーフ――担当教師へのインタビューデータから

　次に、3.2でも述べたように、授業終了後、担当教師に対してピア・リーディングの授業中のふるまいについてインタビューを行った。その中で、担当教師はピア・リーディング授業の間の教員の態度について、以下のように語った。

(1)
担当教師：でも、どうしたらいいんですかって言ってすぐに答えを出す先生がいい先生かっていうと別問題なんですよね。そこで、考える楽しみを人から奪っていることにもなりますし。そこはやっぱり、なるべく答えをすっと言うのではなくて、あの、やっぱりその、その人自

身に考えてもらって、自分の頭で考えたほうが確実に定着しますし、その中で、いろいろ反論、代案っていうんでしょうかね、それを考えた上で、改めて先生の解答を聞くっていうほうがいいと思うんですよね。

(2)
担当教師：学生たちが自分の発想とか、自分の読み方とかをメタ的に認識して、力を伸ばそうとしているときに、そのような、あの、教師の介在っていうのはかえって邪魔になるだろうという気がしています。ただ、そういうような議論が尽くした、尽くされた後で、それをま、整理する意味で教師が入ってくるということは、もちろん教師が過去の学習者、異なる学習者との教育経験もあるし、それはそれでいい部分もある。(中略) 学習者同士が話していると、平行線をたどるというか、何かその、おしゃべりのいい面と悪い面っていうのがあって、おしゃべりっていうのは無目的にやるのでいろんな発想が生まれてくるんですけども、かといって、その、ある、その、方向性に自分の読み方を高めるっていう方向に収斂してほしいものがですね、それとは直接関係ないところで楽しかったで終わってしまうケースもあるので、そういう意味で補完的な役割を果たすと思うんですけども。

(1) と (2) から、担当教師は今回の授業設計において、学習者が自分で考える段階、それをクラスメートと共有する段階、クラス全体に向けて発表する段階において

は、教師の発話はかえって妨げになると考えていることがわかる。もし教師が発言するのであれば、クラスメートとの会話が単なるおしゃべりになって議論の方向性がそれてきたときと、最後にまとめ役としてディスカッションした話題を整理するときが適当だという。ここから、担当教師はピア・リーディングの過程において、発話の進行は基本的に学習者にゆだねたほうがいいというビリーフを持っていることがわかる。

また、読解教育の目的について担当教師は自身の考えを以下のように語っている。

(3)
担当教師：その、読解授業の目的は、頭の中の理解の回路を作ることかもしれませんが、それだけではなくて、その理解の回路を生かしてさらには記憶に働きかけたり、さらには、表現、その発信・産出に働きかけたりするってことが重要だと思うので、そういう意味では、<u>回路を作るということを前提にして、後半はそこからさらに踏み込んで、それを評価したり、あるいはそこから発信したりというところ</u>で、あの、というところに気を配った。その<u>2つが読解教育の目的だと思いますが、特に前者はもとより、後者については今の読解教育では省みられていないだろうと思います。</u>

担当教師いわく、読解教育の最終的な目的は2つあり、1つは頭の中の理解の回路を作ること、もう1つはそこから進んで、理解した文章を評価し、理解した内容を外部に発信できるようになることだという。さらに、現在の読解教育では後者の教育が省みられていないと考えを述べてい

る。ここから、特に後半の授業では、担当教師が読解教育の目標とする評価力・発信力を身に付けさせたいというビリーフのもと、学習者の批判的・創造的な考え方を鍛えようと授業に臨んでいたことがわかった。

　以上をまとめると、担当教師は、考え方の一方的な押しつけにならないよう、意識的に自らの発話量を減らして学習者に発言権をゆだねることを心掛け、学習者の批判的・創造的に読んだ結果をクラス全体でシェアすることが大切だと考えていた。よって、授業中はピア・リーディング授業を促進する「ファシリテーター」としての役割に徹していたと思われる。

4.4　学習者の評価──インタビューのコメントから

　一方、学習者が担当教師のフィードバック全体について述べたインタビューコメントについて分析を行った。結果として、担当教師のフィードバックに対し、学習者の情意面の評価が、肯定的なものと否定的なものに個人ではっきりと分かれる形となった。

　まず、担当教師のコメントに対して肯定的な評価を述べた学習者は18名中7名であった。具体例として、学習者Aは（4）のように述べ、担当教師のコメントがおもしろく、コメント力に高い評価を下していた。

(4)
　　学習者A：先生のフィードバック、なんか、するときのおもしろいコメントとかあちこちで付け加えてくれるのはすごい、えっと、なんていうんでしょう、おもしろかったのだけではなく、あの、上手ですねって尊敬しました。あの、自分がそういう司会とかしてるときに、おもしろいよう、おもしろいコメントを付け加え

る力はちょっと乏しいなって見て思いました。のと、<u>大事なところを見抜いてそれに集中する</u>、先生の力も、なんでしょう、先生として、大学教授として、なんか、みんなと桁違いの経験があるのも当たり前だと思うんですが、それ見て<u>「なるほど。僕もそう、見たらすぐ何が大事かわかるような力をいつか身に付けたいな」</u>と思いました。

また、同じように肯定的なコメントを述べた学習者に学習者Eがいた。彼女もグループ間で異なる意見が出た場合の担当教師の意見の取りまとめの仕方について（5）のように高い評価を下していた。

(5)
 学習者E：先生がフィードバックで、これは、なんか書いてない部分も先生がなんか説明してくれたりするから、これはこういった考えで書きましたよね、みたいな、先生が言ってくれたりして、ああ、そういった考えで、やって書いたんだって、<u>先生の補充、もっと詳しい説明がついているから、みんなの意見も理解しやすいなと思いました</u>。自分のグループの中での、じゃなく、他のグループで話したの、先生が説明してくれたり、すると、やっぱり、<u>先生のフィードバックが大事だなとは思いましたね。なんか考えてなかったのも、その先生が、その他のグループの答えを見て、なんか言ってくれたりしたら、ああ、そういう考え方なんだと思ったりしますね</u>。

他の学習者に関しても、学習者C、D、K、TはAと同様、担当教師の豊富で多様なコメントに肯定的な評価をし、学習者SはEと同様、話のまとめ方に対して肯定的に捉える結果となった。つまり、担当教師の「ファシリテーター」としての授業運営力やコメント力に対して、高い評価が得られていると考えられる結果となった。
　一方、否定的な評価をした学習者は18名中13名[7]であった。学習者Bは自分たちだけに考えさせるのではなく、より専門的な知識を与えてほしかったと（6）のように述べていた。

（6）
学習者B：なんか自分たちで考えで終わりみたいな感じだったんですけど、時間がたぶんその調整が難しかったと思いますけど、そこの部分で、なんか終わった後にみんなと話せたけど、え、なんだったんだろうみたいな（笑）もうちょっと専門的な知識というか、そういう部分では、はい、ほしかったです。

　また、学習者Nは学習者Bに近く、いいところ、つまり現状で問題ない点以外に、改善点、つまり読解力向上のためのポイントも合わせてより深くフィードバックしてほしかったと（7）のように述べている。

（7）
学習者N：なんか、私の記憶では、先生が、そのー、各グループが発表した後に、ほとんど、褒め言葉だったと覚えているんですけど、いい点と、悪い点を、ちょっと、混ぜて、話してほしいですね。改善すべきところとか、を言っ

てくれれば、いいと思います。

そして、学習者Pは、自分自身が考えた解答にフィードバックがなかったことに対して、(8)のように不満を表していた。

(8)
学習者P：グループの答えに対するフィードバックだったから、私の答えがあってるか、ないか、ちょっと、それが、ちょっと、フィードバックされてない、それを感じて、うーん、ちょっと、私の答えもちょっと見てほしいなと思いました。

他の学習者に関しても、学習者F、H、I、L、T、Uは学習者BやNと同様、教師が持つ専門的な知識の提示や読みのスキルの提示の少ないことに低い評価をしていた。また学習者G、J、Q、Sは学習者Pと同様、教師がグループ全体でのフィードバックに重きを置いたため、学習者個人へのフィードバックが行われなかったことに対して不満を抱いていた。

よって、担当教師がこの読解授業の「専門家」であるにもかかわらず、その専門性を授業中に披露してくれなかったこと、ピア・リーディングにおいて最後に立ち返るものである自己の解答に目を向けられていないことが情意面でのマイナス評価につながったと考えられる。

5 考察と提言

上記の結果から以下の3点について、考察と日本語教育への提言を行う。

5.1 教師の立場の明示

　まず、学術的な文章を読むピア・リーディング授業のフィードバックの場面において、学習者が教師を「ファシリテーター」として捉えるか、この授業の「専門家」として捉えるかの違いによって、フィードバック部分に対する評価が異なるということが推察できた。今回の担当教師の発話データを見てみると、担当教師の発話内容は、前半の授業の課題への解答や知識を与えるものから、後半の授業の学習者の解答を取りまとめるものへと質を変え、実際の発話割合も、前半の授業では学習者の発話にゆだねたため、減少していた。担当教師は前半の授業から後半の授業にかけて、授業の目的に沿った形で自らの役割をこの授業の「専門家」から「ファシリテーター」へと変えていったようである。

　ここから、学習者が「ファシリテーター」として教師を捉えた場合、学習者の発言の要約やコメントを数多く行い、ピア・リーディング授業の過程において理解促進を促すという「ファシリテーター」の役割が果たされた結果、高い満足度を得られたため、学習者の情意面の評価が高くなったと考えられる。

　一方、学習者がこの授業の「専門家」として教師を捉えた場合、コメントが量的にも質的にも不足した結果、新たな専門的な知識や読みのスキルを得られなかったため、教師がこの授業の「専門家」という役割を果たしていなかったとみなし、学習者の情意面の評価が低くなったと考えられる。今回対象となった上級の学習者には、頭の中の日本語の理解回路はできあがってきているという自覚があった者もインタビューから見受けられ、文章理解に付随する背景知識やより批判的に読むスキルなどを学びたかった可能性が高い。

　以上から、学術的文章の読解においてピア・リーディン

グ授業を行う場合、効果的に教師の質的な介入を行うには、学習者に対して、教師が授業中、「ファシリテーター」としてコメントしているのか、この授業の「専門家」としてコメントをしているのかを明確に示していく必要があるだろう。また、教師の役割の手順として、まずは「ファシリテーター」として内容理解の深化への手助けとなる学習者の発言の解説や要約を行い、その後「専門家」として知識の深化のきっかけとなる専門的知識や読みのスキルを与えることで、学習者が求める質的な介入につながると考えられる。

5.2 ディスカッション中の役割の明確化

上述5.1のように、教師は自身の立場を明確にして質的介入を行うと効果的であるが、学習者が主体となってディスカッションしている間はどのように介入すべきなのであろうか。先述のように、池田・舘岡（2007: 131）では、ピア・ラーニングの教師の役割は、授業の促進・進行役としてのファシリテーターとしての役割を重視すべきだと述べている。しかし、学習者Hはディスカッション中の教師のふるまいについて（9）のようにコミュニケーションの少なさについて言及していた。

(9)
　学習者H：(質問者：みなさんがグループディスカッションするとき、先生がなんかこうコミュニケーションありましたか。) ありますよね。はい。うん…でも、うん…先生はなんかそういう回ってますから、まあ、うん…コミュニケーションとしても、まあ、何センテンスぐらいですね。はい。少ないですね。

担当教師はディスカッション中に机間巡視をしながら、

個々の学習者からの質問に答え、対話が滞っているグループに声かけをしていた。つまり、「ファシリテーター」としての見守りに徹していた。実際、ディスカッション中の担当教師の発話時間は、実際53秒から2分36秒にとどまっており、学習者の会話時間の1割未満の発言になっている。そのため、学習者Hがコミュニケーションの少なさを感じても仕方がないことだろう。

　一方、担当教師自身も自分のディスカッション中のふるまいについて、(10)のように振り返り、「ファシリテーター」の立ち位置がわからなかったと語った。

(10)
　担当教師：中級・上級については、わりと教師の話す時間が増えていくというのが一般的だと思っていたんですが、もしかして、どの授業でも、できるだけ教師の発話量を減らしたほうがいい授業になるんじゃないかという思いも、一方ではありましたし、実際そうなってみると、手持無沙汰で暇でしたので、(中略)一方で、ちょっとうまくいっていないグループなんかには、もう少し私が介入してもよかったのかなという、介入という言葉は悪いんですけど、もっと積極的にしたほうがよかったのかなという、ちょっとその、ファシリテーターとしての、ま、教師の役目について、ちょっとまだ自分自身、あの、立ち位置が不安定だったかなと。

　担当教師は「ファシリテーター」に徹することが重要であると感じつつも、学習者のディスカッションを見守ることしかできないことに戸惑っていた。同時に、担当教師が

積極的に介入することにも違和感を覚え、「ファシリテーター」としてのジレンマを感じていたようである。

　では、実際にディスカッション中、教師はどのようなふるまいをすればよいのであろうか。まずは、この担当教師が行っていたように、机間巡視をしながら学習者のディスカッションを見守り、学習者の対話が滞っているときには声かけを行い、学習者からの質問が出た場合に対応していくのが第一の役割であろう。その上で、筆者が「ファシリテーター」としての教師の質的な介入について提案したい点は以下の2点である。

①学習者の発話量の確認

　第6章で学習者の発話を確認したように、学習者間にはどうしても発話量の差が生じてしまう。できるだけ学習者同士が平等に自身の意見を述べ、発信力・批判力を身に付けるためには、教師がディスカッション中に発話量の確認を行うことで、発言の実態を把握することが必要である。具体的には、ジョンソン他（2010）が主張しているように、学習者の行動の観察・点検をする際には、「観察表」などを用いて各学習者の発話量や話し合いでの行動を記録することで、学習者の活動への参加度をピア活動が行われているまさにその場で明らかにできると思われる。学習者がどのようにディスカッションに参加しているか実態を把握しそれを評価することで、次回の授業の際のグループ編成の参考にできるだろう。

②ルーブリックによる話し合いへの参加度の評価

　義務教育における教師の協同学習での介入について述べた原田（2013）では、学習者のピア活動での能力や態度を可視化する手段として、ルーブリック[8]が有効であるとする。教師が学習者の話し合いを絶対的に評価することは

難しいが、学習者と授業開始の段階で、教師がどのような観点からピア活動を評価しているのか、また、このような観点が批判的・創造的な読解力を身に付けるために必要で、学習者の発信力・批判力を向上するのにいかに役立つのかという価値観の共有があることで、よりピア活動が効果的になるものと考えられる。実際、上述の原田（2013）においては、西岡（2005）が作成した「グループで話し合う力」に関するルーブリックに対して、評価・検討が行われており、尺度内に記載する文章（記述語）は抽象的表現を使用せず、明快な言葉で示すこと、記述語間での一貫性と体系性を持たせることが必要だと述べられている。この示唆は、ルーブリックの尺度作りの参考になると考えられる。授業内でピア・リーディングを行う前に、教師が検討したルーブリックを学習者に提示し、学習者にとってわかりやすい記述となっているかを授業内で確認し、ディスカッション中の話し合いへの参加度をこのルーブリックを用いて評価することを伝えれば、教師のピア・リーディングに対する質的な介入が行えるのではないだろうか。

5.3　ピア・リーディングの価値の提示

　情意面の評価が低かった学習者の声の中に、「教師がいちばんその文章に詳しい『専門家』であるから、教師自身の考えやそれに対する知識を与えてほしい」という意見があった。学術的文章を読む場合、いまだに学習者の中に、教師から解答を与えるという従来の授業スタイルのイメージがしみついていることがうかがわれた結果となった。また、「自分の解答に対してフィードバックがほしかった」と、グループとしての解答ではなく、自分自身の解答に固執してしまうコメントも見受けられた。

　本来、ピア・リーディングは学習者が学習課題における解決を他の学習者との「対話」の中で「共有」でき、主体

的に自らの学びを構成していくという効果が得られ、文章や自己への理解がより深まるとされるものである（池田・舘岡2007: 116）。しかし、本章で分析した授業の中で、担当教師は授業の目的についてオリエンテーションの段階で伝えていた[9]が、本活動におけるピア・リーディング授業の「価値」について学習者に明確には伝えていなかった。そのため、その「価値」を学習者が深く認識しておらず、自分自身が知識や解答を得ることが主な目的になってしまった可能性がある。また、文章への理解深化をはかり、批判的・創造的に文章を読み、新たな視点を得るという最終目標にのみ目が向けられ、「お互いの発表を聞いて気付きを得たり、話し合ったりするプロセスの意義」を学習者が十分に理解することなく、授業が展開されていたのではないかと考えられる。

　ここから、教師は、ピア・リーディング授業を行う目的とそこから生まれる効果や価値について、学習者に繰り返し言及していく介入が必要となると考えられる。そのためには、ジョンソン他（2010）や池田・舘岡（2007）が主張するように、学業に関する目標だけではなく、ピア・ラーニングそのものの意義も明確に説明しておくべきであろう。具体的な案としては、まず、グループのメンバー全員が目標に達することで自分の学習も達成できるような目標を設定する（ジョンソン他2010）ことが有効であろう。また、クラスの全員がお互いに意見を交換することで、文章への理解深化をはかり、批判的・創造的に文章を読むという新たな視点を得ることができるというピア・リーディング授業の目標を学習者に繰り返し伝えていくことにも価値がある。このような意義の提示によって、ピア・リーディング授業の質を確保できると思われる。

　また、ジェイコブス他（2005）は、「協同の必要性を理解させるために、協同ではないと達成できない状況を作り

出し、実際に行動から協同の意義を認識させることが協同学習を促すために有効である」としている。実際、今回の学術的文章を読む授業において、上述の表1の中で13回目にあたる授業がワールドカフェ[10]形式で行われていた。分析対象とした学習者のコメントの中に、ワールドカフェに対する興味や関心を持ったという好意的な評価や、自分のグループ以外の他の学習者から新たな視点の確保ができたという肯定的な意見が述べられていた。ここから、一般的なペア単位での協働学習の他に、クラス全体を巻き込む活動を授業の計画段階から取り入れていくこと、および、学習者に協働の価値を明確にかつ継続的に伝えていくことが教師の質的な介入の重要な役割であると考えられる。

6 まとめ

　本章では、学術的文章のピア・リーディングの実践授業における教師の適切な質的介入の方法について、教師が授業の中で学習者やクラス全体に向けて話した発話データと、それを受けて学習者がどう感じたかという情意面の評価を組み合わせて分析を行った。また、教師が本授業に対する自身のふるまいについて述べたインタビューデータも参考に分析した。
　また、はじめに設定した本章でのRQへの答えは以下の通りである。

- RQ1：担当教師は実際、授業中、介入やフィードバックをどのように行っていたのか。

　教師は、協働学習を支援する「ファシリテーター」の役に徹しようとし、また実際の行動にもそのビリーフが現れていた。

- RQ2：担当教師の介入やフィードバックに対する学習者の情意面の評価は実際どうだったのか。

学習者が教師の役割を理解深化の手助けを行う「ファシリテーター」として捉えるのか、それとも新たな専門的な知識や読みのスキルを与えてくれるこの授業の「専門家」と捉えるかによって、学習者の情意面の評価に差が表れた。

- RQ3：RQ1、2の結果から、ピア・リーディング授業における効果的な質的介入として、具体的にどのようなものが考えられるか。

教師は「ファシリテーター」および「専門家」としての自身の立場を明確に示していくこと、学習者のピア活動中に学習者がどのようにピア活動に参加しているか実態を把握すること、教師が授業中、協働学習の価値を絶えず学習者に繰り返し明示していくことが重要である。

注

[1] 神村（2012）では日本人学生と外国人留学生の両方を対象としている。
[2] 第1回はディスカッションのウォーミングアップ、第7、14回は書く活動、第12回は第13回の準備回であったため、教師からディスカッションに対する詳細なフィードバックが行われておらず、分析対象から除外した。
[3] この他に、発話ではないが見られた教師のふるまいとして、各グループの間を回り、話し合いに耳を傾ける「机間巡視」が全ての回において行われ、学習者が課題の作業結果を板書しやすいように、記入用の枠を黒板に「板書」することも確認された。
[4] ここでいう発話割合とは、「他者との対話」部分のディスカッション時間のうち、担当教師の発話がどの程度の割合を占めていたかを表している。
[5] 表3において、各グループをGと省略して表記する。表中では介入を行ったグループ名を列挙した。

[6] ここでいう発話割合とは、「全体との対話」部分の中で、担当教師の発話時間がどの程度の割合を占めていたかを表している。

[7] 13名のうち、学習者S、Tの2名は肯定的なコメントも述べていた。

[8] ルーブリックとは、「成功の度合いを示す数段階程度の尺度と、それぞれの評点・評語に対するパフォーマンスに見られる特徴を示した記述語から構成される」（西岡2005: 42）ものであるとされる。

[9] 学習者のインタビューの中でも、授業全体の目的の説明があったと述べられていた。

[10] ワールドカフェとは、「知識や知恵は、機能的な会議室の中で生まれるのではなく、人々がオープンに会話を行い、自由にネットワークを築くことのできる『カフェ』のような空間でこそ創発される」という考えに基づいた話し合いの手法である。自分の意見を否定されず、尊重されるという安全な場で、相手の意見を聞き、つながりを意識しながら自分の意見を伝えることにより生まれる場の一体感を味わえるという（参照「WORLD CAFE. NET」http://world-cafe.net/about/ 2018年1月17日取得）。

参考文献

池田玲子・舘岡洋子（2007）『ピア・ラーニング入門―創造的な学びのデザインのために』ひつじ書房

牛窪隆太（2005）「『学習者主体』の教室活動における教師関与―共有化／個人化観点からの一考察」『早稲田大学日本語教育研究』7, pp.41-52.

神村初美（2012）「大学院での専門日本語教育にピア・ラーニングを用いる可能性―日本語教育学専攻での三年間に渡る調査授業に対する学習者評価の視点から」『日本語研究』32, pp.85-99.

川崎加奈子・近藤有美（2012）「学習者の協働における教師の介入―内容重視の教育でいかに言語指導を行うか」『長崎外大論叢』16, pp.37-44.

柴田幸子・伊藤奈津美・藤田百子・ドイル綾子・石川早苗（2016）「教師が考えるピア活動の意義と実践の関わり」『アカデミック・ジャパニーズ・ジャーナル』8, pp.45-54.

ジェイコブス, G. M.・パワー, M. A.・ローワン イン（2005）『先生のためのアイディアブック―協同学習の基本原則とテクニック』（伏野久美子・木村春美訳）ナカニシヤ出版

ジョンソン, D. W.・ジョンソン, R. T.・ホルベック, E. J.（2010）『学習の輪―学び合いの協同教育入門』（石田裕久・梅原巳代子訳）二瓶社

西岡加名恵（2005）「評価に関する力量向上の基礎・基本」工藤文三編『学力を育てる"教師力"の向上』教育開発研究所

原田信之（2013）「協同学習に関する授業観察評価指標の開発」『人文科学』61(2), pp.231-239.

布施悠子（2017）「学術的文章の協働学習における教師の介入についての

一考察―教師の談話データと学習者の情意面での評価との連関から」『一橋日本語教育研究』5, pp.51–60.
本間咲耶（2013）「協同学習を促す教師の役割―学習者間の学び合いを目指して」『国際教養大学専門職大学院グローバル・コミュニケーション実践研究科日本語教育実践領域実習報告論文集』4, pp.131–156.

第8章
学習者の授業評価
学習者の声によってどのような授業改善が
可能になるのか

布施悠子

　　　　　ピア・リーディング授業に参加している学習者は、みな積
　　　　極的に発言している印象があります。しかし、実際は学習
　　　　者全員がグループ・ディスカッションを肯定的に捉えてい
　　　　るわけではないでしょう。では、学習者はピア・リーディ
　　　　ングの授業に対してどのような評価をしているのでしょう
　　　　か。また、学習者の授業評価から、授業の改善につながる
　　　　どのような手がかりが得られるでしょうか。本章では、授
　　　　業に対する学習者の評価コメントから、どのような授業改
　　　　善が可能になるかを考えます。

1 はじめに

　近年の日本語教育では、ピア・ラーニングを取り入れた授業が数多く見られる。中でも、ピア・リーディングは「頭の中の思考を『外化』し『可視化』する装置」であり、「対話」によって学習者の思考の外化、可視化を行うことができるという（池田・舘岡2007: 113）。また、学習者が学習課題における解決を他の学生との「対話」の中で「共有」でき、主体的に自らの学びを構成していくという効果が得られ、文章や自己への理解がより深まるとされる（池田・舘岡2007: 116）。

　しかし、ディスカッションを主体としたピア・リーディ

ング授業に対し、学習者が「嫌だ」「好きではない」「面倒くさい」といった情意面のフィルターをかけてしまうと、期待される効果が得られない可能性がある。また、教師の授業設計によっては、学習者のピア・リーディング授業に対する評価を下げてしまうおそれもある。とりわけ、学術的文章を扱う読解授業では、文章自体の内容が難しいこともあり、教師による授業作りの仕掛け（志村2016）がより重要となる。そのため、グループ活動に対する学習者の情意面の評価が、実際のグループ・ディスカッションとどう連関するか、実践研究を行い、教師がどのように授業を設計するか、詳細に検討することは意義があるだろう。そこで、本章では、以下三つのリサーチ・クエスチョン（RQ）を設定し、それに答える形で論を進めていく。

・RQ1：ピア・リーディング授業に対する学習者の情意面の評価の実態はどうなっているか。
・RQ2：ピア・リーディング授業に対する学習者の情意面の評価がグループ活動にどのような影響を及ぼしているか。
・RQ3：RQ1、2の結果から、ピア・リーディング授業の改善の手がかりとして、具体的にどのようなものが考えられるか。

2 先行研究と本研究の位置づけ

情意面の評価を対象とした研究に元田（2006）がある。元田（2006）は、協働的学習の成功には情意的観点と社会的観点を考慮した授業設計が必要になると述べている。情意的観点とはグループ活動における個人の「自分に対する考え・感じ方」、社会的観点とはグループ活動における個人の「所属集団に関わる考え・感じ方」を示し、互いに影

響し合っているという。また、日本語読解授業における協働的学習の活動の成否の要因を質問紙調査から分析し、グループの成員の連帯性、責任感といった社会的観点が成否に関与していることを見出している。一方、元田（2007）では、協働活動の成否の要因を活動中の学習者の発話データから分析・考察し、課題の難易度のみが影響するとは言えず、①キーパーソン（リーダー）の態度、②質問の多さ、③日本語能力の低い学習者に対する思いやり、④ルールの厳守や責任の遂行なども、協働活動の成否に大きく関与することを明らかにしている。

　布施（2017）は、学習者の情意面の評価と担当教師が実際に行ったフィードバックの談話データを組み合わせて、ピア・リーディングの実践授業での教師の質的な介入について考察している。学習者が教師の役割をどのように捉えるかによって、学習者の情意面の評価が大きな影響を受ける可能性があることを指摘している。これらの先行研究から、学習者の情意面の評価がグループ活動に影響を与えることがうかがえる。

　また、横山ら（2009）は、本研究と同様に、学習者の評価データと実際のグループ・ディスカッションの談話データを資料として用いている。聴解指導において学習者の聴解過程を対象とするために、中国とカザフスタンにおいてピア・リスニングを行った実践の報告である。ピアの話し合いを文字化した資料、および学習者から聴取した意見をデータとして分析を行い、「ピア・リスニングの活動を通して聴解の『過程』が可視化されたこと、また、それらの『過程』の一部に学習者自身が気づいていることが明らかになった」（p.88）としている。横山ら（2009）の研究は学習者の評価データと談話データを個別に分析したもので、この結果は我々に重要な示唆を与えてくれる。しかし、本章では、より有機的な考察を行うことを目的とし、学習者

の情意面の評価データと、発話機能を用いたグループ・ディスカッションの談話データを連関させて、相互に及ぼす影響について分析したい。

　この他に、学習者のピア・リーディング授業への情意面の評価に関わる要素として、上述の元田（2006, 2007）にあるようなディスカッションのグループメンバーの編成が挙げられるだろう。これについては、すでに第3章でその重要性に言及しているが、本章では、グループ・ディスカッションの談話データを用いることで、情意面と行動面を組み合わせ、より実証的に授業改善につながる手がかりを検討する。

　以上の先行研究を踏まえ、本章では、学習者の情意面の評価とグループ・ディスカッションの談話データの連関から、学術的文章を読むピア・リーディング授業への情意面の評価と、それがグループ活動へ及ぼす影響を明らかにする。そして、その上で、教師が授業を設計する際、手がかりとなる授業改善の手がかりを模索していきたい。

3 分析対象のデータ

　本章では、全授業終了後のインタビューにおける学習者のコメントを主な分析対象とした。その理由は、そのコメントの中で、学習者自身が今までの授業、自らの参加姿勢や読解方法の変容を振り返って内省を行っており、学習者が授業に対して下していた評価が数多く見られたからである。

　また、補助資料として、談話データとの連関から、ディスカッションに対する情意面の評価に及ぼす影響を探るため、「他者との対話」部分のグループ・ディスカッションの談話資料を使用した。なお、実際に使用したのは、前半の授業の「深く・正確に読む」の、文章中の八つの空欄に

接続詞を入れる課題を行った「3. 接続詞を入れる」回（以下、接続詞の回）と、先行文脈を参考に後続の空欄の内容を予測する課題を行った「4. 予測をする」回（以下、予測の回）である。その理由は、「接続詞の回」は答えを一つに収束していく談話過程を見るのに適当であり、「予測の回」は様々な可能性を考える談話過程を見るのに適切だと考えたからである。

4 分析方法と分析結果

4.1 学習者の情意面の評価

先述の元田（2006）は学習者の質問紙調査と授業観察を行っているが、本章では、全授業終了後のインタビューで、学習者が自身の情意面について述べている部分を抽出し、分析した。その後、日本語教育を専門とする日本語母語話者2名が話し合い、インタビューの録音データとその書き起こし資料から抽出した、a. 授業の流れ、b. ディスカッション、c. 接続詞の回、d. 予測の回に関する学習者の評価を、「＋」「0」「－」の3段階で認定した。

まず、「＋」の概念については、元田（2006）において、質問紙調査の調査項目の「楽しい」「おもしろい」「続けたい」という内発的動機や「満足している」「自信がある」という自尊感情が「＋」とされていることを参考に、本章でも「良かった」「役に立った」「勉強になった」「うまくいった」「充実した」「好き」「理解が深まった」などはっきりと内発的動機が感じられる肯定コメントや自尊感情が高いと認められるものを「＋」とした。

一方、「－」の概念については、同様に内発的動機と自尊感情の観点に立ち、「良くなかった」「役に立たなかった」「つまらなかった」「難しかった」「大変だった」「自分には合わなかった」「意味がなかった」「焦った」「やる気が出な

表1　学習者の授業に対する情意面の評価

学習者	a 授業の流れ	b ディスカッション	c 接続詞の回	d 予測の回	学習者	a 授業の流れ	b ディスカッション	c 接続詞の回	d 予測の回
A	＋	0	＋	＋	L	0	＋	0	－
B	＋	0	0	0	M	＊	－	0	0
C	＋	＋	－	－	N	＋	0	＋	－
D	＋	＋	－	＋	P	＋	＋	0	＋
E	0	0	－	＋	Q	＋	0	＋	＊
F	－	＋	0	＋	S	＋	＋	＋	＋
G	＋	－	－	－	T	＋	0	＋	＊
H	0	＋	0	＋	U	＋	＋	＋	－
I	＋	－	0	＋	V	＋	＋	＋	＋
J	＋	＋	＋	＋	O	インタビューなし			
K	0	＋	＋	＊	R	インタビューなし			

かった」など、はっきりと否定的なコメントを述べているものを「－」と設定した。一方、「0」は、「＋」「－」両方の内容を述べていたり、情意面についてはっきりしたコメントを述べていないものに対してつけた。情意面の評価の認定結果を表1に示す[1]。なお、表中の「＊」はその項目についてまったく言及していないことを表している。

各項目に対する学習者の情意面の評価を表1で見ると、「a. 授業の流れ」については、「＋」評価の学習者が14名、「0」評価の学習者が4名、「－」評価の学習者が1名、無回答が1名であった。

具体的なコメントを見てみると、学習者Iは「私も初めてこういう流れの授業を受けたので、すごいユニークで良かったなと思います」、学習者Jは「授業の流れは素晴らしいと思いました」、学習者Uは「流れ自体はすごく、

ま、非常にいいと思います」と述べていた。

　ここから、学習者自身が学術的文章と対峙し理解する時間、グループ・ディスカッションで意見を交換し合い一つの答えにまとめていく時間、全体への発表と教師からのフィードバックの時間という、今回の授業の3段階の流れについては、おおむね学習者が情意面で受け入れられる手順であることが明らかとなった。情意面のフィルターが文章理解自体を妨げることはないと考えられ、学術的な文章の読解にピア・リーディングを導入することは有効と判断して支障なさそうである。

　次に、「b. ディスカッション」について、情意面の評価は学習者によって違いが見られた。「＋」評価の学習者が11名、「0」評価の学習者が6名、「－」評価の学習者が3名となった。

　学習者Cは「みんなによって読み方が違うとか、理解できることは人によって違うのがおもしろかった」、学習者Dは「ディスカッションによって、自分が今まで持っていなかった視点を持って、他の解釈、他の考え方を持って解釈をし直すのはできると思います」とディスカッションという活動を肯定的に捉えていた。一方、学習者Gは「でも、1回説明、みんな初めて、1回ずつ説明するじゃないですか。そういったにもかかわらず、みんな違う方向に行っちゃったのはしょうがないなと思って。従うしかない」、学習者Mは「常に、皆の意見をまとめることが、なかなか難しいなと思いますね」とディスカッションという活動に対するマイナスの評価を下している。この点において興味深いのは、ディスカッションの評価が「－」の3名（学習者G、I、M）は、「c. 接続詞の回」と「d. 予測の回」の評価も「＋」がほとんどないことである。ディスカッションという活動自体に対して、学習者がどのような情意面の評価を下したかということと、活動に取り組む姿勢との連関

はかなり強く、ディスカッションの評価が「－」の学習者は、グループメンバーとの議論から自身の理解を深めるという、ディスカッションの本来の意義を得られず、プラスの効果があまり得られていない可能性がある。

続いて、学習者による各回の評価を見てみると、ディスカッション内容の違いが学習者の情意面に大きく関わる結果となった。「c.接続詞の回」は、意見が異なる他者と議論をして空欄に入れる接続詞を検討する過程を楽しみ、この作業が読解に役立つと感じている学習者と、そうでない学習者がおり、答えを1つに決める課題に対する好みの差が現れた。具体的には、学習者Aが「この授業で初めて、この接続詞はこれだけど、これだとどうだ！とかそういうのをたくさんやって。で、みんながすごく意見がばらばらだったところもあった。そんなところこそ、見てるとなるほど確かにこれも入りそうだし、これも入りそうだし、いろいろ入りそうだけど、どっちがちょっとまあいいかな。で、接続詞の使い方についてものすごく勉強になった気がします」と述べているのに対し、学習者Dは「正直に言うと、この日は若干いらだちがしました。なんか、グループ・ディスカッションのとき、かなり意見が合わなくて」、学習者Eは「なんか選択肢とかでなんか四つとかで、その中から選ぶみたいなのだったら、もうできるんですけど、なんか自分で全部考えることになったりしたら、なんか読んでも、簡単にできないっていうか、ちょっと大変でした。で、他のみんなと話してたら、他のみんなでもけっこうやってて、そうなんだって、思いましたね。接続詞、大変だな」と述べていた。

また、「d.予測の回」は、この回を肯定的に捉えていた学習者Pは、「あんまり意見言わない人も、『私はこう思う、こう思う』ってなってて、けっこう、普段の授業の雰囲気とは違うと感じました」とディスカッションの過程を

楽しめていたが、否定的に捉えていた学習者LやUは、「予想ってあの、正解がちょっと当たるのが難しいと思いますけどね。こういう文章のように予想とか」や、「うーん、自分にとっては、あんまり……、意味が全然ないとは言えないんですけど、やっぱり文章の、あの、把握力を上げるためには、語彙よりは、あの、一番最初の授業のキーワードみたいな、そういうものが、自分にはもっと合ってると思います」のように、答えがはっきり一つに決まらない問題は難しかったり楽しめなかったりしたとコメントしていた。

　以上から、「c. 接続詞の回」で情意面の評価が「－」の学習者には、解答を一つに統一する過程での話し合いが、情意面にマイナスの影響を及ぼしたと考えられる。実際、学習者Dは、学習者間で課題遂行までの過程を楽しめず、悪い意味で意見を戦わせてしまっており、また、学習者Eは、自分自身の答えが出せないために、他のメンバーの意見を受け入れるがままになってしまっていた。他の人の意見を聞いて、自分の解答を振り返るための参考にするというピア・ラーニングの意義の欠如が見受けられた。

　一方、「d.予測の回」の場合、後続する文章の内容を考えるという解答の自由度がかなり高い課題であったために、学習者は解答する範囲が広すぎて文章が思いつかない者もおり、また、そもそも考えることをあきらめたりしてしまい、課題に対してあまり積極的な姿勢が見られない者もいた。正解を追い求め、うまくいかないと挫折してしまう姿勢が見られ、本来のピア・ラーニングの過程を楽しむことがおざなりになる結果となった。

4.2　情意面の評価とグループ・ディスカッションのメンバー構成の連関

　ここでは、4.1で分析した学習者の情意面の評価につい

て、グループ・ディスカッションのメンバー構成との連関から、情意面の評価がディスカッションに与える影響について具体的に検討していく。表2、3は、表1に示した学習者の情意面の評価のうち、「b. ディスカッション」「c. 接続詞の回」「d. 予測の回」に対する評価を、グループごとに再度整理して示したものである。以下、個別のグループに言及する場合は、「接-G1」のように、「［当該回の名称の頭文字］-G［グループ番号］」と表記する。なお、表中の「＊」は、インタビューを行っていない、あるいは、インタビューにおいて学習者が当該の内容に言及していないことを示す。

表2　接続詞の回の各グループメンバーと情意面の評価

Group	b. ディスカッション					c. 接続詞の回				
接-G1	A 0	I −	L +			A +	I 0	L 0		
接-G2	B 0	D +	F +			B 0	D −	F 0		
接-G3	P +	T 0	U +	V +		P 0	T +	U +	V +	
接-G4	H +	M −	Q 0	O 0	＊	H 0	M 0	Q +	O ＊	
接-G5	J +	K +	S +			J +	K +	S +		
接-G6	C +	E 0	G −	N 0		C −	E −	G −	N +	

（注）学習者Rは接続詞の回を欠席した。

表3　予測の回における各グループメンバーと情意面の評価

Group	b. ディスカッション				d. 予測の回			
予-G1	F +	N 0	S +	U +	F +	N −	S +	U −
予-G2	C +	G −	P +	R ＊	C −	G −	P +	R ＊
予-G3	I −	L +	Q 0		I +	L −	Q ＊	
予-G4	A 0	B 0	O ＊		A +	B 0	O 0	
予-G5	E 0	H +	J +	V +	E +	H +	J +	V +
予-G6	D +	K +	M −		D +	K ＊	M 0	

（注）学習者Tは予測の回を欠席した。

グループのメンバーの過半数が当該回の授業に対して「＋」の評価をしているのは、表2の接-G3（「＋」3名、「0」1名）、接-G5（「＋」3名）、表3の予-G5（「＋」4名）であ

る。これら三つのグループに共通しているのは、メンバーの過半数がグループ・ディスカッションという活動に対して肯定的な評価をしており、否定的な評価をしたメンバーがいないということである。活動自体を肯定的に捉えた学習者同士で活動を行うことで、効果的に活動を行うことができ、学習者の情意面にも良い影響を与えていると考えられる。インタビューで、「グループ・ディスカッションを通じて、私も気づいていないところを他のグループのメンバーが気づいてくれたり、そして、他の人の考えを共有して、そういうこともあるんだなというふうにおもしろさがあります」と、ディスカッションに対する肯定的な考えを述べている学習者Jは、接続詞の回についても、インタビューの中で、他者の考えを聞くことによる良い影響に言及している。

(1) インタビュー例1：学習者Jと調査者との対話
学習者J：あ、はい。これは本当におもしろい発見です。あの、接続詞は私にショックでした。
調査者：どうしてですか？
学習者J：あの、私は間違いなく、やったなと思ったら、みんなそれぞれの説得できる意見を持っていて、やっぱり読み方が違うんだなと思いました。
調査者：みなさんの意見を聞いて、確かにそうだなと思いますか？
学習者J：確かにそうだなと思ったことは書いたりもしました。つまり、意地悪ではなくて、あー、それは私が気づいていなかったかもしれないと思ったらすぐ変えて、私のものにしました（笑）。はい。

調査者　：じゃ、また、あの、他のグループの意見を聞いたり、先生の意見を聞いたり、またこう、新たな発見みたいな感じですか？
学習者J：ああ、そうです。でも、あのこれは私が間違ってないと思ったのは変えずに、相手の意見を疑ったり、もう一度考えたりもしました。

　（1）のインタビューで、学習者Jは、自分の考えとは違う他者の意見をおもしろいと感じ、自分の考えと比較検討した上で、よいと思ったものは取り入れたと述べている。（2）の談話例1は、その学習者Jがいた3人グループ接-G5の談話の一部である。談話例1を見ると、グループ・ディスカッションに対する態度が、ピア・リーディング授業における学習者Jの読みの深まりにつながっていることがわかる。

　　（2）談話例1：学習者J、K、Sがいた接-G5の談話データ

> J：2番は「きっと」と「例えば」の中で。
> 　（中略）
> J：じゃ、「例えば」って。
> S：行きましょう。
> J：はい、はい、僕もそう思いました。
> S：3番。
> K：3番「けれども」。
> J：僕は「そのゆえ」。
> 　（中略）
> J：「そのゆえ」はもっと学問的な。
> 　（中略）
> J：4番は？
> K：「その一方で」。
> S：「一方」ね。
> S：4番は「その一方で」ですか。
> K：「その一方で」かな。
> S：[J名前]、何か書いたか？
> J：僕は「しかし」と書きましたが。

> S、K:「しかし」。
> S:なんか、だいたい、対立的に、前の。
> J:「その一方で」がいいですね。
> S:「その一方で」。
> J:はい、はい。
> J:でも、「その一方で」じゃなくて、「一方」のほうが。
> S:私は「一方」。
> J:そうですね、「一方」。
> S:「一方」っていいですね。
> J:もしくは「反面」?
> S:はは、「反面」。

　談話の流れを見てみると、学習者Jは最初の2、3番の答えを決める際は、自分の出した「例えば」と「そのゆえ」という答えに自信があり、「じゃ、『例えば』って」や「『そのゆえ』はもっと学問的な」などの断定的な言い方で自分の答えを採用させようとしている。その後、4番以降はだんだん周りの意見に耳を傾けるようになり、「僕は『しかし』と書きましたが」という自分の解答をより柔らかい表現で表しながら、「『その一方で』がいいですね」という他人の答えに対する肯定の意見を表明している。そして、他人の答えを肯定しながらも、「『一方』のほうが」や「もしくは『反面』?」などと新しい提案もしており、インタビューで述べているとおり、みんなの意見を聞いて、確かにそうだなと思うだけではなく、相手の意見を疑ったり、もう一度考えたりもしている。

　こうしたやり取りによって、グループでよりよい答えを求めて検討していくことができるのであろう。グループでピア・リーディングを行う際は、学習者がグループ・ディスカッションに対して肯定的な姿勢を持つことが重要だと考えられる。

　しかしながら、接-G2、予-G1も、前述の3グループと同様に過半数のメンバーがディスカッションに対して肯定的な評価をしているが、当該回の授業に対する評価は高く

ない。接-G2は、2名が「0」、1名が「－」という評価である。このグループは、学習者Dの発話回数が極端に少ない。学習者Dは、「他人と話すことによってまったく別の方向で理解ができるようになると思います」と、ディスカッションという活動自体には「＋」の評価をしているが、「接続詞の回」の評価は「－」である。学習者Dは接続詞の回について、(3)のように述べている。

(3) インタビュー例2：学習者Dのインタビュー中のコメント
学習者D：自分的には一緒のグループの人たちの解答が、これ、絶対間違ってるのにと内心思っていたんですけど、だからといって、無理矢理自分の意見を押し通すわけにもいきませんし、で、結局自分と異なる場合、自分の解答と異なる場合は、結局自分のほうがあきらめて、その人の解答にしたんですけど、そのとき若干、すごく悔しいといらだちがしました。もちろん、僕が間違っているところがありましたし、その人が間違っていたところもあったんですけど、けっこう意見が合わなかったってところが、そうですね。授業の内容よりそっちのほうが印象に残ったと思います。

学習者Dは、自分の意見を押し通すことはピア・リーディング授業のディスカッションの中で良くないことだと思っているが、自分の意見を述べられなかったことに対して悔しさやいらだちを覚えていることがわかる。授業の内容よりも自分の心理的な状況を覚えているほどであったため、

ディスカッション自体には「＋」の評価でも、グループ活動の影響で「－」の評価を下す結果に至ったと思われる。

ここで、実際の発話状況を見てみると、学習者Ｄがいた3人グループ接-G2の談話は（4）の談話例2のように行われていた。学習者Ｄは最初の設問については自分が空欄に入れた接続詞を選んだ理由を説明しているものの、それに対して他の2名からの反応がない。「接続詞は難しい」と言い合いながら他の2名だけでしばらく進めており（談話数で言うと54発話）、学習者Ｄが途中ディスカッションに介入する余地はない。それ以降も、「次、2番」などの発話をしている学習者Ｆが進行役になり、学習者Ｂと2人で議論を進め、Ｄに対しては、「どう思いますか」というように数回問いかけるのみである。それに対して学習者Ｄも「大丈夫です」「そうですね」と一言返す発話ばかりになっている。

（4）談話例2：学習者Ｂ、Ｄ、Ｆがいた接-G2の談話データ

> Ｆ：はい、私は一番は、何じゃ、「要するに」だと思ったんですけど。
> 　（中略）
> Ｂ：私は、「そのため」。
> Ｆ：「そのため」、どうですか？
> Ｄ：僕は、「しかし」。
> 　（中略）
> Ｆ：なぜ、「しかし」にしましたか？
> Ｄ：ええと、そうですね。一応この文脈では、丁寧体が普通体に変わっていることを説明しているじゃないんですか。
> 　（学習者Ｄの説明が5行続く。）
> 　「しかし」にしました。
> Ｂ：難しい、接続詞。
> Ｆ：難しい。
> 　（この後、学習者ＦとＢ2人きりの発話が54行続く。）
> Ｆ、Ｂ：「そのため」どう思いますか？
> Ｄ：大丈夫です。
> 　（この後、学習者ＦとＢ2人きりの発話が10行続く。）
> Ｆ：次、2番。

> B：2番は？
> F：2番は「例えば」。
> D：「例えば」。
> B：うん？
> F：「例えば」
> B：私も、私、「例えば」ちょっと思ったんですけど、「だから」とか「なので」とかって、はははは、書いたんですけど、もう一回読んで。
> F：例の感じがもっとする、例だと思って。
> D：そうですね、例の説明。
> B：うん。
> 　（この後、学習者FとB2人きりの発話が19行続く。）
> F：「ですから」、どう思いますか？
> D：あ、いいと思います。
> B：でも、「だから」はなんかちょっとおくって感じがある、この文章の中では。
> F：うん。
> B：「なので」はいいかもしれない。
> F：「なので」？
> B：うん。
> F：「なので」。
> B：「だから」。
> B：「だから」おかしくないかな、わからない。
> B：もうちょっと丁寧な感じが、「なので」には。
> F：「ですから」？
> B：「ですから」。
> F：うん。
> B：「ですから」もいいかな。
> D：「だから」でも大丈夫。

　続いて、表4は接-G2のメンバーの発話数を胡（2015）のピア・リーディング授業の談話分析基準に基づき、発話機能[2]ごとに集計したものである。学習者Fの119と学習者Bの117に比べ、学習者Dの発話数は46とはるかに少ない。意見交換のグループ・ディスカッションにおいて、学習者Dは、「要求」「確認」「否定」「留保」「整理」の発話が一つもなく、「提案」「検討」の発話も少ないことがわかる。

　(4)の談話例2にも示したように、最初は根拠について自分の意見を「表明」していたが、その後は他人の意見に

表4 接-G2のメンバーの発話機能ごとの発話数

機能＼学習者	B	D	F
要求	12	—	9
表明	29	29	45
提案	9	3	7
譲歩	1	1	3
確認	19	—	12
肯定	8	8	12
否定	8	—	3
留保	7	—	6
検討	15	5	13
整理	3	—	3
その他	6	—	6
合計	117	46	119

対して、意見を「肯定」する発話が大半であり、解答を「提案」したり、意見を「否定」するなどの発話がほとんどなかった。

　以上のように、ディスカッションに対して肯定的な考え方を持っている学習者でも、グループのメンバー構成によっては発話の機会が得にくく、活動の効果を感じられないことが明らかになった。同じように、メンバーの過半数が授業に対して「＋」評価だった接-G5、予-G5の発話回数を集計した結果、発話が最多の学習者と最少の学習者の差はそれぞれ12、27であり、1人のみが極端に発話回数が少ないということはなかった。ここから、グループのメンバーの情意面の評価に配慮したグループ編成をし、ディスカッションの進め方について指導することも必要であることが示唆された。

5 考察と提言

ここでは、今までの分析結果に基づいて、その考察と日本語教育への提言を行う。

5.1 学習者とピア・リーディングとの親密度を高める工夫

まず、表1にあるように、情意面の評価から、ピア・リーディングの授業全体の流れはおおむね学習者に受け入れられていた。また、ディスカッション自体への評価も個人差はあるものの、否定的な学習者はあまり多くはなかった。今回はその点で、グループ・ディスカッションに関する理解がある学習者が集まったと言えよう。しかし、クラスメンバーによっては分析結果のとおりにはいかない。

そこで、ピア・リーディング授業を成功させるには、いかに学習者を活動に責任を持って積極的に学習課題に関わらせることができるか、つまり、学習者をそのような意識に持っていくために教師側がどのような心理的準備段階を用意すればよいかという点が重要であろう（元田2006）。実際ピア・リーディング授業を始める前に、学習者とピア・リーディング授業の距離を縮め、両者の親密度を高めるためには、以下の三つのような事前準備が効果を生むものと考えられる。

手がかり1：グループ・ディスカッションの意義を提示する

学習者Uは「例えば、グループ・ディスカッションの、実用性に対しては、初めのときは、『これあんまりいらないんじゃねえ？』とか思ったんですけど、なんか、してるうちに、皆で討論するうちに、なんか、自分の感覚が深まるのを感じたというか」と述べている。これは、ピア・リーディング授業の意義に対する情意面の評価が「−」から「＋」へ変化した一例であり、学習者が活動全体の意義を

理解したことを示唆している。これは第7章の5.3のピア・リーディングの価値の提示と重なる部分である。ピア・リーディング授業が互恵的な協力関係（肯定的相互依存）（ジョンソン他2000）であることを気づかせることが重要であろう。具体的には、メンバー内で対話を経て目標が達成でき、なおかつ、よりゲーム性のあるピア・リーディング授業より"気軽な"活動（石黒編著2011など）を授業の初めに行い、互恵的な協力関係がどういうものなのか学習者に理解させることが効果を生むと考えられる。

手がかり2：グループ・ディスカッションのために必要な姿勢を伝える

　学習者Kは、「なんか、学部生が、ちょっとこう、意見を主張する感じで。ちょっと、うーん、周りがあまり見えない人が多いんですね。まだそういう遠慮が、まだ世間に出てない、なんか、世間知らずっていうか、まだそれ出てないから、まだそういう問題がわからないっていう感じで。もし、ね、これから、院生とか職場でも、そういう態度取ったら、困るよな、と（笑）。ちょっと謙虚になって（笑）、と思った人が多かったんですね。でも、やっぱり、まあ、ブラジルで教えてたとき、そういう学生もいたから、そういうイメージした。『あー、こういうタイプなんだ、じゃあ、そういう対応したらいい』っていう感じで、結局、『あー、そうですかー。えー、素晴らしいですねー』っていう褒め方とか」と、他の学習者の活動に対する謙虚な姿勢の欠如についてコメントを述べている。このような態度を示されると、「＋」評価をしている学習者も「－」評価に転じかねない。建設的な参加姿勢を授業内で教師から提示しておくことで、情意面に影響を及ぼすことなく、学習課題の遂行ができると思われる。

手がかり3：情意面の評価をグループ編成の参考にする

　ピア・ラーニングにおけるグループ編成について論じた先行研究では、グループ編成は教師の役割としたほうがよい（池田・舘岡（2007）、田中（2007）など）ということが指摘され、どのようにグループを作るかについては、「言語能力」「文化背景」などのポイントが実践事例や学習者へのアンケート調査から示されてきた。また、第3章においても、グループ編成の重要性が述べられている。一方、本章においては、学習者がディスカッションに対して抱いた情意面の評価が、実際のディスカッションの進行に影響を与えていることが明らかになった。ピア・リーディング授業におけるグループ作りの際に、ディスカッションに対する学習者の情意面の評価が考慮すべきポイントの一つであることを示せたと言える。これは、4.2での学習者Dの談話データからも明らかである。よって、実際に始める前と中盤にグループ・ディスカッションに対する意識調査を行い、それを考慮して毎回のグループ編成を行うことで、情意面のバイアスをうまく相殺させ、議論に参加できるのではないだろうか。

5.2　グループ・ディスカッションに深みを持たせる工夫

　一方、ディスカッションに対するもともとの情意面の評価が高くても、各回の授業への評価が「－」になってしまった学習者もいる。これは、ディスカッションのおもしろさを感じられず、効果が得られなかったせいではないだろうか。そこで、ディスカッションにより多様な色彩をつけ、議論に深みを持たせるために、以下の手がかりを提案したい。

手がかり4：背景の異なったメンバーでの討論になじむようにする

　学習者Fは、「最初は、なんか、私も初めて会う人と話すのが苦手だったので、知らない人とこう、するより、ずっと友達としたり、そのほうが好きだったんですけど、なんか、最後に、なんていうのかな、グループを変えながらディスカッションしたときは、本当に自分のグループだけじゃなくて、いろんな、全然私が考えてなかった意見も聞けたのでそれはすごくよかったです」と、グループ・ディスカッションへの情意面の評価が「＋」になったとコメントしている。ある程度、準備段階として文化的な背景の異なるメンバーを組み合わせた協働学習を教師側が仕掛けていく必要があるのではないだろうか。具体的には、毎回本題に入る前に、アイス・ブレイキング（ice-breaking）として、その日に学習する内容に関連するテーマを、身近に感じてもらえるようなクイズ問題や写真・イラストからのQA、短い文章の提示などを遠い席に座っているメンバーと組ませて行うことで、グループ・ディスカッションの肩慣らしをするとともに、「ソロ」部分の読みを喚起し、ディスカッションへの橋渡しにもなると思われる。

手がかり5：メンバー全員で議論を進める土壌を作る

　基本的に今回の授業ではグループ内の役割を特に設けず、担当教師はディスカッションの進行を学習者の自主性にゆだねていた。役割を与えなくても、ディスカッションに対する評価が「＋」の学習者で構成されるグループは、談話データを見ると、全メンバーがまんべんなく発言ができていたり（接-G5、予-G5）、ディスカッションに対する情意面の評価が高い学習者がうまく機能したり（接-G3）していた。これらのグループは、グループのメンバーの当該授業回への評価も高く、良いディスカッションができて

いたと考えられる。

　また、ディスカッションに対する評価が「0」「−」の学習者が過半数を占めるグループでは、メンバーの発話の偏りがあったり（接-G6）、発話回数がかなり少ない学習者がいたり（予-G2、予-G6）、グループとしての解答をよく議論せずに決めたり（予-G3）しており、メンバーの当該授業回に対する評価が低い。接-G6と予-G2に参加した学習者Cは、ディスカッションについては、「みんなによって読み方が違うとか、理解できることは人によって違うのがおもしろかった」と「＋」の評価をしているが、グループにおける自身の役割については、「ずっと私、ホストやったから、何にも。ただ、みんなの話を聞いてただけ」と述べ、傍観者の立場を取っていることが見て取れる。

　一方、接-G2は、ディスカッションに「＋」評価をした学習者で構成されていたが、当該回の授業に対するメンバーの評価は「0」「−」のみであった。実際、接-G2では、学習者Fが「次、2番」のような「進行表明」の発話を行い、司会の役割を果たしているが、学習者FとBで議論を進めてしまっていた。そのことによって、学習者Dは発言の機会が得にくくなっており、グループの解答をまとめていく段階では学習者Dの発話がまったくなかった。胡（2015）は、司会進行役がグループ・ディスカッションにおける合意形成に対する影響力が強いと述べている。また、石黒・胡（2017）は、自分の意見に沿って議論を進めてしまう司会役を「強い司会役」と呼び、「強い司会役」がいることで他の参加者が公平に意見を言えなくなる弊害を指摘し、全員が司会役になれる土壌作りが大切であるとしている。接-G2の例は、「強い司会役」がグループのメンバー間の発話回数の偏りを生じさせてしまった例であると言える。

　ここから、石黒・胡（2017）が指摘するように、司会役の重要性や留意点を学習者に周知した上で、グループ全員

で議論を進める土壌を作ることが必要であると考えられる。具体的には、まず、質問・コメント・反論の仕方、ディスカッションの流れをまとめる表現、意見提示、反論の表現（「まとめると…ということでしょうか」「私は…だと考えているのですが、みなさんいかがですか」「確かにそうは思いますが、…」）といったディスカッション中に必要な表現の導入を行う。その後、「強い司会役」がいるイメージを想像させて、全員が議論を肯定的に進めていく必要性を明示し、グループ・ディスカッションの談話データと第7章の5.2で述べた観察表を参考にしながら、グループ全員で議論を進める土壌を少しずつ培うことが必要だと思われる。

6 まとめ

　本章では学術的文章のピア・リーディング授業の実践において、学習者による授業に対する情意面の評価と、グループ・ディスカッションの談話データから両者の連関を明らかにし、授業改善への手がかりについて検討した。

　また、本章の冒頭で設定した本章でのRQへの回答は以下のようになった。

・RQ1：ピア・リーディング授業に対する学習者の情意面の評価の実態はどうなっているか。

　ピア・リーディング授業に対する学習者の情意面の評価から、ピア・リーディング授業の全体の流れはおおむね学習者に受け入れられていた。また、ディスカッション自体への評価も個人差はあるものの、否定的な学習者はそれほど多くはなかった。ただし、各回の授業に対する評価は、学習者それぞれがグループ編成、ディスカッションの内容をどう捉えるかによって、違いが出ていた。

・RQ2：ピア・リーディング授業に対する学習者の情意面の評価がグループ活動にどのような影響を及ぼしているか。

　ピア・リーディング授業に対する情意面の評価が高い学習者は、グループ活動に対する評価が高い傾向が見られた。ただし、ディスカッションに対するもともとの情意面の評価が高くても、各回の授業への評価が「－」になってしまった学習者もいた。これは議論の進め方に問題があったためで、実際の談話データからもその問題は看取された。

・RQ3：RQ1、2の結果から、ピア・リーディング授業の改善の手がかりとして、具体的にどのようなものが考えられるか。

　ピア・リーディング授業に対する学習者の情意面の評価から考えられる読解授業の改善の手がかりとしては、①グループ・ディスカッションの意義を示すこと、②グループ・ディスカッションに必要な姿勢を伝えること、③情意面の評価をグループ編成に考慮すること、④背景の異なるメンバー間の討論になじむ工夫をすること、⑤メンバー全員で議論を進める土壌を作ることが考えられる。

注

[1] 全授業終了後のインタビューは、最終的に20名分となっている。
[2] 胡（2015）では、発話文に付する発話機能のラベルは四字漢語で示し、前半の二字は内容機能、後半の二字は伝達機能と呼ばれている。内容機能のラベルは「解答」「意見」「根拠」「前提」「感情」「進行」に分けられ、伝達機能のラベルは「要求」「表明」「提案」「譲歩」「確認」「肯定」「否定」「留保」「検討」「整理」に分けられている。

参考文献

池田玲子・舘岡洋子（2007）『ピア・ラーニング入門―創造的な学びのデザインのために』ひつじ書房

石黒圭編著（2011）『会話の授業を楽しくするコミュニケーションのためのクラス活動40―初級後半から上級の日本語クラス対象』スリーエーネットワーク

石黒圭・胡方方（2017）「教室談話の分析は、いかに日本語教育に生かせるか―ピア・リーディング授業における司会役の役割とその重要性」平成28年度国立国語研究所日本語教師セミナー「自然会話コーパスの分析を日本語教育に生かす！―明日の授業へのヒント」（2017年1月28日、国立国語研究所）発表資料

胡方方（2015）「日本語学習者のグループ・ディスカッションに見られる合意形成のプロセス―ピア・リーディングの談話データをもとに」『一橋日本語教育研究』4, pp.127–136.

志村ゆかり（2016）「第3章 教師は仕掛け人である」五味政信・石黒圭編『心ときめくオキテ破りの日本語教授法』pp.48–67. くろしお出版

ジョンソン, D. W.・ジョンソン, R. T.・ホルベック, E. J.（2010）『学習の輪―学び合いの協同教育入門』（石田裕久・梅原巳代子訳）二瓶社

田中信之（2007）「ピア・レスポンスにおける話し合い―話し合いの言語とグループ編成についての考察」『北陸大学紀要』31, pp.201–211.

田中啓行・布施悠子・胡方方・石黒圭（2017）「学習者の情意面の評価に基づくピア・リーディングの授業改善の可能性―学術的文章を読む読解授業の談話データから」『国立国語研究所論集』13, pp.187–208.

布施悠子（2017）「学術的文章の協働学習における教師の介入についての一考察―教師の談話データと学習者の情意面での評価との連関から」『一橋日本語教育研究』5, pp.123–136.

元田静（2006）「協働的学習活動に関わる日本語学習者の情意的・社会的変数―自尊感情・雰囲気・モラールを中心に」『東海大学紀要留学生教育センター』26, pp.19–32.

元田静（2007）「日本語読解授業における協同学習の試み（2）―発話データから見る活動成否の要因」『日本教育心理学会総会発表論文集』49, p.64.

横山紀子・福永由佳・森篤嗣・王璐・ショリナ，ダリヤグル（2009）「ピア・リスニングの試み―海外の日本語教育における課題解決の視点から」『日本語教育』141, pp.79–89.

第9章
ピア・リーディングの実践
授業にあたってどんな準備と工夫が必要か

胡 方方

　本書ではここまで、日本に留学している上級学習者の受講するピア・リーディング授業を対象に多様な視点から分析を行い、授業の改善法を各章で提言してきました。しかし、異なる日本語レベルの学習者、特に海外の教室で学ぶ中級学習者を対象とした場合、同じやり方では通用しないことが想像できます。JFL環境にある、異なる日本語レベルの学習者にはどのような準備と工夫が必要でしょうか。本章では、学習者の背景やレベルに合わせた授業の準備と工夫の方法について考えます。

1 はじめに

　第1章で述べられたように、ピア・リーディング授業は、学習の目的や学習者のレベル、クラスサイズや教師の個性・専門性などに合わせて、それぞれ特殊な形態を取る。本書の中で扱ったピア・リーディング授業もまた、一つの特殊な形であり、以下の四つの特徴を備えている。

　　①クラス全員がN1かそれに相当する日本語力を備えている。日本語での会話に慣れていて、ディスカッション自体に難しさがあまり感じられない。
　　②全員日本に留学中であり、大学では日本人学生と同じ

ように日本語で授業を受け、アカデミックな文章を読む機会が少なくない。
③多国籍クラスであるため、日本語が共通語である。同じ国籍のみのグループにならないかぎり、教室内では日本語で自分の考えを表現することがデフォルトになる。
④授業に使われたテキストの著者が授業の担当者であり、筆者の意図などは自信を持って紹介できる。学習者と教師の対話は、学習者と筆者の対話にもなり得る。

こうした好条件が備わっている状況の中でできたピア・リーディング授業であったが、この①～④のいずれも備えていない条件下でこの授業を行った場合、いったいどのようにすればピア・リーディング授業としての効果を上げられるのだろうか。すなわち、①「日本語のレベルが上級にはない」、②「日本に留学した経験のない」学習者を対象に、③「海外の同国人からなる」教室で、④「特殊な背景を持たないピア初体験の」教師が同じ授業を担当した場合に、どんな困難が存在し、それを解決するためにどんな工夫が必要なのだろうか。

本章では、ここまでの各章の分析結果を踏まえ、海外の中級学習者に合うように授業案を修正し、高等教育機関で学ぶ日本語学習者の数が圧倒的に多い中国で筆者が実践授業を行った結果を報告する。具体的には、本書の分析対象である全14回の授業のうち、前半「深く・正確に読む」の中から4回を選び、同じテキストを使用して中国国内の大学で授業実践を行ったものである。そこでの調査結果を踏まえ、以下のリサーチ・クエスチョンに答えることを目指したい。

- RQ1：同じ国の学習者から構成される海外のJFL環境の教室、また、日本語の会話に慣れていない中級学習者のクラスで同種の授業を行った場合、学習者はどのような評価を行うのか。
- RQ2：そうした学習者の評価を踏まえ、こうした条件下で教師はどのような準備や工夫が可能なのか。

2 先行研究と本研究の位置づけ

　文章を理解しようとする場合、学習者は様々な問題にぶつかる。舘岡（1999）においては、読み手は、テキストから得た情報、自身の既有知識、および単語表などの外部リソースを利用しながら、読みの過程で生じた問題を解決していると述べている。舘岡（2003）は、読み手のこの問題解決の過程で気づいた問題とは、自分の既有知識とテキストからの情報とのギャップであり、語レベルのものから文章レベルのものまで存在しているとし、個々の読み手によって気づいた問題が異なっているという。では、本書の分析対象となった授業で扱われた学術的文章を、海外の中級学習者に読んでもらった場合、どのような問題が生じるのだろうか。以下の先行研究を参考に、日本国内で実践したピア・リーディング授業の方法を調整し、海外の日本語教室で学んでいる学習者に適用する試みを行った。

　授業実践を通してピア・リーディングの有効性を明らかにした舘岡（2007）では、「まずひとりで読んで、自分の理解や意見を生成する段階」が「十分に成り立っていないと、次の段階で発信することができず、自己と他者との違いに気づくこともできません」と主張されており、個人の「ソロ」の段階の重要性が示されている。今回の実践では、中級学習者に対応させる際に、「ソロ」の時間を授業中ではなく、授業外の時間に読んでもらい、辞書を調べた

り、何回か読んだりしてもらった。そのことにより、文章の内容が十分に理解でき、授業に臨む条件が整った。

本書の第2章では、内容的に難しい学術的文章が出された際、「学習者の理解の助けになるような具体例」と「平易な表現、文体」が学習者のソロでの理解を促進し、「他者との対話」の段階につながると指摘している。今回の調査では、テキストの内容理解の補助として、ディスカッションの時間に入る前に、当該授業が扱うテキストに関連する内容を紹介するアイス・ブレイキングの時間を設け、内容にたいする親しみや興味を持たせる工夫を施した。

本書の第4章では、学習者同士の話し合いの分析を通して、日本語教師がグループ・ディスカッションの指導をする場合、議論の進行に対する参加者の理解を事前に深めることの重要性を明らかにした。また、「表明」、「要求」、「確認」、「肯定」、「否定」、「整理」などの発話機能が、グループ内での意見交換にポジティブな影響をもたらすことも示した。その点を踏まえ、今回の実践授業では、海外の中級学習者がよりスムーズにディスカッションを行えるように、「自己の読み方をわかりやすく説明する」「他者に読み方を尋ねて理解を深める」「他者の意見に適切に対応する」「全員の意見をバランスよくまとめる」という四つのディスカッションテーマを考え、各回の授業で文型表現のインプットを行った。

また、本書の第8章では、ピア・リーディング授業に対する上級留学生学習者の情意面での評価の分析が行われているが、日本への留学経験なしの海外日本語教室で学んでいる中級学習者が同様の授業を受けて、どう評価しているのかを測るため、今回の実践授業でも、学習者に対する個人インタビューおよび質問紙調査を行った。

本章で紹介するピア・リーディング授業の実践は、以上のように、本章の1章～8章で分析した内容を踏まえ、海

外中級日本語教室で学んでいる中級学習者に適用するために改善すべき点を工夫した授業を実践し、その授業実践に対する学習者の評価を分析することを通し、教師側の工夫や留意点を明らかにすることを目的とする。

3 分析対象の授業と分析方法

3.1 授業の流れ

今回実践したピア・リーディング授業の概要は、以下の表1、表2の通りである。

表1 JFL環境におけるピア・リーディング実践概要

実施クラス	中国国内の大学の日本語科3年生クラス×2（通常のクラスに特別参加）
実施時期	2017年5月
授業担当者	ピア・リーディング授業初体験の中国人教師（筆者）
調査協力者	1クラス21～23名（ほぼ全員女子学生）
グループ	3人グループをベースに編成

表2 ピア・リーディング授業の内容

授業の流れ	①事前にテキストと課題を配り、授業までに記入してもらう。②授業では、当日の課題遂行に必要な文型項目をまず導入する。③次いで、文章の内容に関連する知識を紹介する。④その上で、グループ・ディスカッションを行う。⑤最後に、全体にフィードバックをし、授業評価も行う。	
教材と課題	授業	テキスト	課題
	1回目	言葉とジェンダー	キーワードの定義を考える
	2回目	俗語と標準語	後続文脈を予測する
	3回目	文末文体の切り替え	接続詞を入れる
	4回目	話し手のアイデンティティに根ざす	文章構造図を書く

3.2　担当クラスの特徴

今回の実践にあたり、担当クラスは、次のような特徴を持っていることが、授業実施前の担当教員への聞き取り調査でわかった。

①日本語レベルが上級までいかない学習者が集まっており、ディスカッションに入ると、課題の難易度と関係なく、自分の意見を述べたり、相手の意見を否定したり、まとめたりする日本語の表現がうまく言えず、困る。
②全員日本留学経験がない。普段の日本語のインプットは、教科書や勉強関連以外に、日本語で書かれている小説や新聞、ウェブページもあるが、論文などのアカデミック文章はあまり読んでいない。
③国籍に多様性のない中国語母語話者が集まっているため、授業中、日本語表現に困った際、中国語を使い始める傾向が強い。

こうした学習者のためにどのような工夫をしたらピア・リーディング授業を効果的に進められるのだろうか。この①〜③の3点の問題を解決すべく、今回の実践授業は以下の3.3、3.4、3.5で紹介する三つの点で工夫した。

3.3　ディスカッションを行うための工夫

第4章で述べたように、ピア・リーディング授業におけるグループ・ディスカッションをスムーズに展開させるために、各発話機能の使用が重要である。普段から話すことに慣れていない学習者の場合、ディスカッションのテーマに関連する表現を頭に入れてから授業に臨むことが議論の第一歩であろう。今回の実践では、話し合いに必要な文型のリストを元の授業担当者（石黒）と今回の授業担当者（胡）が協力して事前に作成し、授業の最初の時間にそれを配布して表現を導

入し、以下の四つのステップを踏みながら、ディスカッションに必要な日本語表現のインプットを行った。

　1回目の授業では、自己の意見をまずはきちんと発信できることを目的とする「自己の読み方をわかりやすく説明する」というディスカッションのテーマに基づき、【話し合いを始める】、【誰かに意見を聞いてみる】、【自分の意見を話す】、【時間をもらう】という四つの場面で使いそうな表現を基本文型と応用文型に分けてそれぞれ提示した。当日紹介した文型は次の通りである。

話し合いの基本文型・応用文型①（自分の読み方を話す）

【話し合いを始める】

基本文型〈どこから始めるか、番号で場所を伝えましょう〉
・よろしくお願いします。
・まず、○番。
・じゃあ、○番から始めましょう。
・次、○番行きます。

【誰かに意見を聞いてみる】

基本文型〈友達の名前を呼んで、意見を聞きましょう〉
・では、Aさんから（どうぞ／お願いします）。
・Bさんはどうですか。
・Cさんの男性語／女性語の定義は何ですか。

応用文型〈番号を「〜が／けど」で伝えてから、意見を聞きましょう〉
・まず○番ですが、Dさんは男性語／女性語をどう定義しましたか。
・○番ですけど、Eさんはどれをキーワードに選びましたか。
・○番ですが、Fさんが○○を真のキーワードに選んだ理由は何ですか。

【自分の意見を話す】

基本文型〈「AはBです」を使って、自分の意見を話しましょう〉
・私の男性語／女性語の定義は〜です。
・私が選んだキーワードの候補は、〜と〜と〜と〜の四つです。
・真のキーワードは〜です。

応用文型〈動詞を使って、自分の意見を話しましょう〉
・私は男性語／女性語を〜と定義しました。
・私はキーワードの候補を〜と〜と〜と〜にしてみました。
・真のキーワードは〜がいいかなと思いました。

> 【時間をもらう】
> **基本文型**〈考えていることを伝えましょう〉
> ・ちょっと待ってください。
> ・今考えています。
> **応用文型**〈順番を後にしてもらいましょう〉
> ・すみません。もう少し考える時間をいただけますか。
> ・今考え中なので、先に他の人に答えてもらえますか。

2回目の授業では、他者から意見を聞き出し、それをきちんと理解できることを目的とする「他者の読み方を尋ねて理解を深める」というディスカッションのテーマに基づき、【相手に質問する】、【相手に確認する】、【質問・確認を予告する】という三つの場面に使いそうな表現を基本文型と応用文型に分けてそれぞれ提示した。特に【質問・確認を予告する】場合の応用文型に、前置き表現を提示し、前置き表現がもたらす柔らかさ、婉曲さを説明した。当日紹介した文型は次の通りである。

> **話し合いの基本文型・応用文型②（相手の読み方を聞く）**
>
> 【相手に質問する】
> **基本文型**〈簡単な疑問文で質問しましょう〉
> ・すみません。一つ質問してもいいですか。
> ・〜の意味は何ですか。
> ・〇番、Aさんの答えは何ですか。
> ・〇番、Bさんはどう予測しましたか。
> **応用文型**〈「思う」「考える」を使って質問しましょう（お礼も言いましょう）〉
> ・まず①番ですが、どんな内容が入ると思いましたか。
> ・どうして〜が次に来ると思ったんですか。
> ・〜が次に来ると考えた理由を教えてもらえますか。
> ・（質問に答えてもらったら）わかりました。
> ・（質問に答えてもらったら）ありがとうございました。
>
> 【相手に確認する】
> **基本文型**〈簡単な疑問文で確認してみましょう〉
> ・一つ確認してもいいですか。
> ・〜の意味は〇〇ですか。

- ～はどう読むんですか。
- たとえば？／どうして？

応用文型〈自分の解釈を相手に確認してみましょう〉
- Cさんの意見は、～ということでしょうか。
- Dさんの予測は、～と考えてもいい／大丈夫ですか。
- つまり、～なんですね／ということですよね。

【質問・確認を予告する】
基本文型〈質問・確認する前にその予告をしましょう〉
- すみませんが、よろしいですか。
- ちょっといいでしょうか。
- すみません。わからないことがあるのですが。

応用文型〈質問・確認する前に「～が／けど」を使って予告をしましょう〉
- わからないことがあるのですが、一つ聞いてもいいですか。
- 疑問に思ったことがあるんですが、質問してもいいですか。
- 思いついたことがあるんですけど、意見言っても大丈夫ですか。

　3回目の授業では、他者の意見に賛意を示したり反論したりすることを目的とする「他者の意見に適切に対応する」というディスカッションテーマに基づき、【相手に同意する】、【相手に反論する】、【根拠を述べる】といった場面に使いそうな表現を基本文型と応用文型に分けてそれぞれ提示した。たとえば、【相手に反論する】場合に応用文型を提示した際には、直接表現で反論するのではなく、相手に譲歩してから自分の意見を言い始めるという言い方を練習させた。当日紹介した文型は次の通りである。

話し合いの基本文型・応用文型③（相手の意見に対応する）

【相手に同意する】
基本文型〈基本的な相づちを使いましょう〉
- はい／うん。
- そうですね。
- はいはい／うんうん／そうそう。

応用文型〈気持ちを込めた相づちを使いましょう〉
- ああ、そうかあ。
- なるほどー／なるほどね。

・たしかに(そうですね)。

【相手に反論する】
基本文型〈「思います」「でしょうか」を使って自分の意見を言いましょう〉
・〜と思います。
・〜のほうがいいと思います。
・〜じゃないでしょうか。
・〜はどうでしょうか。

応用文型〈「〜が／けど」で相手に譲歩してから自分の意見を言いましょう〉
・私の理解不足かもしれませんが、〜のほうがいいんじゃないでしょうか。
・私も自信はないのですが、ここは〜が入ると思います。
・そういう見方もあると思うんですが、〜も入るんじゃないでしょうか。

応用文型〈「〜が／けど」で文を終わらせましょう(言いさし)〉
・う〜ん、それは少し違うと思いますけど。
・私は〜がこの文脈に合っていると思って入れてみたんですが。

【根拠を述べる】
基本文型〈理由や根拠を述べて自分の意見を正当化しましょう〉
・なぜなら／なぜかと言うと、〜だからです。
・というのも、前の文の意味と反対の意味になっているからです。

応用文型〈根拠を弱く述べ、自己正当化をやわらげましょう〉
・〜ですから／ですので、〇〇が自然な気がします。
・前の内容と後ろの内容が対比ですし、…がいいと思います。
・〜を選びました。〜は理由を表すふつうの接続詞だから／なので。
・〜がいいんじゃないでしょうか。その後ろに〇〇が続いているし。

　4回目の授業では、グループのメンバーの意見をまとめる能力を養成することを目的とした「全員の意見をバランスよくまとめる」というディスカッションテーマに基づき、【評価する】、【答えを決める】、【意見が出ないときに意見を聞く】、【意見を整理する】、【提案してみる】といった場面に使いそうな表現を基本文型と応用文型に分けてそれぞれ提示した。当日紹介した文型は次の通りである。

話し合いの基本文型・応用文型④（話し合いをまとめる）

【評価する】
基本文型〈いいと思った意見をほめて、話し合いをまとめましょう〉
・Aさんの図は考え方がユニークでおもしろいです。
・こちらのほうが、色がきれいですね。
・このデザイン、とても見やすくていいですね。

【答えを決める】
基本文型〈答えを決めるときは、みんなの意見を確認しましょう〉
・（答えは）～でいいですか／いきましょうか／で大丈夫ですか。
・じゃ、～にしましょうか／決めましょうか／いうことで（いいですね）。

【意見が出ないときに意見を聞く】
基本文型〈沈黙が続くとき、意見が出やすくなる質問をしましょう〉
・迷いますね。どちらがいいですか。
・難しいですね。どうしましょうか。
・じゃあ、どうまとめましょうか。

【意見を整理する】
応用文型〈意見がばらばらなとき、意見の似ている点、違う点に分けて考えましょう〉
・Bさんの図とCさんの図は〇〇という観点で違います。どちらがよいと思いますか。
・DさんとFさんの図は〇〇という点で似ています。一つにまとめたらどうでしょうか。
・私の図は時間の流れで作りましたが、Fさんの図とGさんの図は表を上手に使って分類していて共通点があります。2人の図を使いましょうか。

【提案してみる】
基本文型〈話がまとまらないとき、まとまりそうな意見を示しましょう〉
・～はどうでしょうか。
・～のほうがいいと思います。
・～は〇〇なんじゃないでしょうか。

応用文型〈話し合いが行きづまったとき、新しいアイデアを示しましょう〉
・最初に話し合いの方針を決めませんか。
・この問題は時間がかかるので、今はやらずに、後でもう一度戻って考えませんか。
・Hさんの図とIさんの図を組み合わせることができませんか。
・3人の意見のいいところを合わせてみましょうか。

以上示したように、毎回ディスカッションに入る前に、ディスカッションのテーマを決め、「自己の読み方をわかりやすく説明する」→「他者に読み方を尋ねて理解を深める」→「他者の意見に適切に対応する」→「全員の意見をバランスよくまとめる」の順で、話し合いに役立つ文型を導入することにより、中級学習者が日本語で議論する際の言語表現面での準備を整えるように努めた。この工夫の効果は、学習者同士で行われたディスカッションの際にも、4回の授業が終わった後に実施した調査でも感じられた。

3.4　アカデミック文章を読むための工夫

第7章で紹介されているように、最初にアイス・ブレイキングの時間を設けると、ピア・リーディング授業を円滑に導入できる効果がある。今回の4回の授業実践では、当該のディスカッションテーマに合わせた文型を導入してから、その回の授業で取り上げる話題についての紹介を行った。元の授業担当者であり、テキストの執筆者でもある石黒が原案を作成したもので、それぞれ次のような内容である。

1回目の授業で読んだテキストは「言葉とジェンダー」であり、話題導入として、「男性語と女性語を考える」という話を準備した。テキスト内容をよりよく理解するため、よく知られた小説（太宰治『人間失格』）の抜粋を用意し、長く続く会話の中で話し手が誰か説明がないのに、話した内容だけで女性か男性か判断できるという日本語の面白さを感じてもらった。

2回目の授業で読んだテキストは「俗語と標準語」であり、話題導入として、「標準語と方言を考える」という話を準備した。テキスト内容をよりよく理解するため、まず中国語の東北方言、上海方言の特徴およびそれぞれのイメージを思い浮かべさせた上で、日本語の大阪弁、東北弁の特徴とイメージを紹介した。

3回目の授業で読んだテキストは「文末文体の切り替え」であり、話題導入として、「丁寧体と普通体を考える」という話を準備した。学習者たちは日本語で作文や会話の課題を完成させる際、教科書で習ったルールを守り、文体の一致に気をつけていたと語っていたが、実は文体の切り替えがよくあり、場合によって違う効果が出てくることを、パイロット社の万年筆の企業広告を例として紹介した。また、その場で学習者にすべての文をそれぞれ敬体のみ、常体のみ、敬体・常体まじりで声に出して読んでもらい、それぞれの響きについて感想を尋ねた。また、3回目の課題は「接続詞を入れる」であったため、接続詞選択の参考になるように接続詞の一覧表も同時に配布した。

　4回目の授業で読んだテキストは「話し手のアイデンティティに根ざす」であり、話題導入として、「人称表現を考える」という話を準備した。アニメ『ドラえもん』と『忍たま乱太郎』の登場キャラの愛用自称表現を分析しながら、用意した人称代名詞の穴埋め問題をやってもらう活動により、キャラクタの性格と関連づけることができた。

　以上紹介したように、毎回授業開始前に、こうしたアイス・ブレイキングの時間を設けることで、学習者が事前に読んでおいたテキストの内容想起に役立つだろうし、テキストの中で扱われている社会言語学の関連知識を具体的に説明することも可能となり、本書の第7章で指摘されているピア・リーディングという授業形式における、学習者の教師に対する専門知識の提供という要求に応えるように努めた。

3.5　使用言語の影響を測るための工夫

　ピア・リーディング授業におけるグループ・ディスカッションを海外の教室で行う場合、使用言語を母語にすれば、お互いの意見交換がよりスムーズになると予想される

が、目標言語の上達という面では望ましいとは言えない。一方、使用言語を目標言語にすると、目標言語の運用力という面では練習になり、徐々に上達につながることが期待されるが、意見交換をする際にはやりとりがスムーズにいかないことが予想される。

　事前に担任教師への聞き取り調査をしたところ、今回協力してもらった二つのクラスは日本語力の面ではあまり差がないとのことであった。そこで、今回の実践では、使用言語を母語にした場合と目標言語にした場合の効果と影響を測るために、教師の導入、学習者同士のディスカッション、教師によるフィードバックにおいて、一つのクラスでは「困ったときは中国語を使おう」、もう一つのクラスでは、「できるだけ日本語で話そう」という方針をそれぞれ貫いた。

　4回の授業実践をした結果、使用言語の点で興味深いことがわかった。毎回「日本語で話してください」と励ましていたクラスでは、中国語で話し始めるケースが目立った。4.2で記述する評価シートの記入を見ると、日本語力の限界を感じて、うまくディスカッションに入れなかったという授業に対する低評価が何名かに見られた。逆に、「中国語を使ってもよい」と伝えてあったクラスでは、配ったばかりの文型リストを手に握りしめ、頑張って日本語で議論しようとしている姿が見られ、担当教師として胸を打たれた。特に最初の2回の授業でディスカッションのテーマをめぐる文型練習や実際のグループ・ディスカッションを経た結果、後半の3、4回目の授業では日本語で議論できることに満足を覚え、授業に対する高評価につながっている様子が観察された。

　母語での話し合いを認めながらも、同時に目標言語での話し合いのスキルを導入すると、学習者は自分ができるところから目標言語に切り替えることを試みるようで、それ

が学習者の自信につながるということはJFL環境における指導の勘どころの一つであるように思われる。

3.6 学習者の評価に基づく授業分析の方法

3.1のような流れでJFL環境の中級学習者を対象にピア・リーディング授業を行い、授業実施にあたり、3.3〜3.5で記述したような三つの観点の準備と工夫を施したが、それは果たして効果があったのか、なかったのか。あったとしたら、どのような効果なのか。それを検証するために、次に示す2種類の方法で学習者の読解授業、特に今回のピア・リーディング授業についての評価や意見を収集した。

①事前調査として1回目の授業の開始時に、また、事後調査として4回目の授業の終了時にそれぞれ20分程度、過去や現在の読解授業の受講経験、あるべき理想の姿などについて、学習者全員に評価シートに記入してもらった。また、4回目の事後調査の際には、今回の4回の授業に対する、満足度に基づく相対評価を行った。

②二つのクラスから3名ずつの学習者を選び、授業が始まる前と終わった後に個別にインタビューを行った。この6名の学習者は、普段この授業を担当している教師が選定した。また、筆者が授業を担当する中で、本ピア・リーディング授業に明確な見解を持つと感じられた学習者1名がさらに目に留まり、授業終了後に追加インタビューを実施した。

4 分析結果

4.1 4回の授業の満足度

今回の実践授業の効果を測定するために、学習者はこうした授業を受けてどのように評価するのかを分析する。②

の事後調査の中の質問項目の一つは満足度についてであった。4回のピア・リーディング授業の中で最も満足度が高かった回と最も満足度が低かった回、およびその理由をそれぞれ記入してもらった。結果は下記の表3の通りである。

表3　4回の授業の満足度調査結果

クラス	満足度	1回目	2回目	3回目	4回目	重複	無回答	合計
使用言語中国語	高	0	0	5	16	2	0	20
使用言語中国語	低	5	8	3	1	0	3	20
使用言語日本語	高	3	1	5	14	0	0	23
使用言語日本語	低	3	8	5	2	0	5	23

表3から次のようなことがわかった。

(1) 学生の満足度は、高い順に、4回目＞3回目＞1回目＞2回目となる。
(2)「満足度が低い」と評価した学習者の数を見てみると、2回目が最も多かったが、1回目、3回目も少なくなく、4回目も3人いた。
(3)「満足度が高い」と評価した学習者の数を見てみると、4回目が圧倒的に人数多かったが、3回目も10名と少なくなく、1回目、2回目もそれぞれ3名、1名いた。
(4) 二つのクラスでは使用言語の面では違う方針を貫いたが、満足度調査の結果から見ると、同じ傾向が観察された。
(5) 中国語クラスでは、1回目、2回目の授業に不慣れを感じる一方、3回目、4回目になって、徐々に好感度が高まったようで、高評価は3回目、特に4回目に集まっている。それに対し、日本語クラスでは、1回目の時点で一部にすでに高評価が見られた。

4.2 満足度につながるファクター

　質問紙調査では、満足度が高い回と低い回の理由も記入してもらうようにしていた。様々なファクターが絡む中で、学習者は表3の満足度の評価を下していたと思われるが、質問紙調査に学習者が記入してくれた理由をまとめると、当該回の文章、課題、ディスカッション、およびピア・リーディングという授業形態をめぐる言及がほとんどを占めていた。

　また、この4項目を個別に仔細に見ていくと、以下の表4で示すように、より具体的な要因も観察できた。

表4　学習者の満足度につながるファクター

上位ファクター	下位ファクター	意味
文章	難易度	読むテキストが難しいかどうか
	有用度	読むテキストが普段の日本語学習に役立つかどうか
課題	難易度	出された課題が難しいかどうか
	充実感	出された課題にやり甲斐を感じたかどうか
議論	表現力	議論の際に使用言語に支障があったかどうか
	協働性	グループ参加者同士の話し合いがうまくいったかどうか
ピア	習熟度	ピアという授業形式に対して慣れたかどうか
	気づき	この新しい授業形式を通して自分の成長を感じたかどうか

　こうしたことを踏まえ、表5と表6では学習者の評価についてまず四つの項目を立て、それぞれの項目にさらに二つの下位ファクターを設けて、全員の評価をまとめた。二つのクラスがそれぞれ出した高評価、低評価の人数を示し、それぞれのファクターへの言及人数も併せて示した。「高評価者数」と「低評価者数」が、右の八つの列の数字の合計より小さいことがあるのは、満足や不満の理由に複数のファクターが絡んでいるためである。

表5　二つのクラスの学習者が出した高評価

クラス	回	高評価者数	文章		課題		議論		ピア	
			難易度	有用度	難易度	充実感	表現力	協働性	習熟度	気づき
中国語	1回目	0	0	0	0	0	0	0	0	0
	2回目	0	0	0	0	0	0	0	0	0
	3回目	5	0	0	0	2	1	4	1	2
	4回目	16	2	2	1	10	1	12	5	3
日本語	1回目	3	1	0	1	0	0	2	1	0
	2回目	1	0	1	0	0	0	0	0	0
	3回目	5	0	1	3	1	0	4	0	0
	4回目	14	3	6	1	6	0	5	2	2

表6　二つのクラスの学習者が出した低評価

クラス	回	低評価者数	文章		課題		議論		ピア	
			難易度	有用度	難易度	充実感	表現力	協働性	習熟度	気づき
中国語	1回目	5	0	0	0	0	3	2	5	0
	2回目	8	6	0	3	0	2	3	2	0
	3回目	3	1	0	1	0	1	3	0	0
	4回目	1	0	0	0	0	1	0	0	0
日本語	1回目	3	1	0	0	0	0	2	2	0
	2回目	8	5	0	4	1	0	3	1	0
	3回目	5	3	0	4	0	0	3	0	0
	4回目	2	1	0	0	0	0	1	0	0

　表5、表6から、学習者の満足・不満の評価および理由を人数の順位で挙げる。

（1）1回目は日本語クラスで多少満足度の高い学習者がいるが、全体としては不満が多い。
　　【高評価0人＋3人、低評価5人＋3人】

満足を覚えた理由は下記の通り。
　・議論の協働性：楽しく議論できた。
　　（日本語クラス2人）

- ピアへの習熟度：ピアという新しい授業の形式がやる気をくれる。
  （日本語クラス1人）
- 文章の難易度：文章がわかりやすい。
  （日本語クラス1人）
- 課題の難易度：解答がすぐ文章から抜き出せる。
  （日本語クラス1人）

不満の理由は下記の通り。
- ピアへの習熟度：ピアという形式の授業に不慣れである。
  （中国語クラス5人、日本語クラス2人）
- 議論の協働性：ディスカッションがうまくいかない。
  （中国語クラス2人、日本語クラス2人）
- 議論の表現力：言いたいことが日本語で十分には表現できない。
  （中国語クラス3人）
- 文章の難易度：初めて社会言語学の文章を読み、先生の説明も日本語で行われ、難しさを感じる。
  （日本語クラス1人）

（2）2回目は最も満足度が低く、不満が多い。
【高評価0＋1人、低評価8人＋8人】

満足を覚えた理由は下記の通り。
- 文章の有用度：異なる地域の出身でも、言語を通じて互いの距離を縮められることに気づいた。特に関西弁の明るさがこのテキストから読み取れた。
  （日本語クラス1人）

不満の理由は下記の通り。
- 文章の難易度：1回目の文章より突然内容も表現も難しくなった。
  （中国語クラス6人、日本語クラス5人）
- 課題の難易度：「予測文を入れる」という課題形式に苦労した。
  （中国語クラス3人、日本語クラス4人）
- 議論の協働性：意見交換が難しい。課題をやってこなかったグループのメンバーが議論に入らない。
  （中国語クラス3人、日本語クラス3人）
- ピアへの習熟度：まだ2回目で、ピアという形式に不慣れが残る。
  （中国語クラス2人、日本語クラス1人）
- 議論の表現力：日本語での意見交換が難しい。
  （中国語クラス2人）
- 課題の充実感：作者の意図がわからないまま予測文を書かせられたため、自分の答えを持っていない人もいる。
  （日本語クラス1人）

(3) 3回目は満足と不満に意見が二分されている。
【高評価5人＋5人、低評価3人＋5人】

満足を覚えた理由は下記の通り。
- 議論の協働性：活発な議論がなされた。
  （中国語クラス4人、日本語クラス4人）
- 課題の充実感：違う接続詞を入れることで文と文の関係が変わることに初めて気づき、面白いと思う。
  （中国語クラス2人、日本語クラス1人）
- 課題の難易度：接続詞の穴埋めは難しいが、それ

こそ議論の魅力を感じた。
（日本語クラス3人）
- ピアへの気づき：正解がないということに気づいた。
（中国語クラス2人）
- ピアへの習熟度：この授業形態が楽しくなってきた。
（中国語クラス1人）
- 議論の表現力：日本語で議論できることに達成感を感じた。
（中国語クラス1人）
- 文章の有用度：接続詞の意味、用法、文脈提示など、挙げられている一覧表が勉強になった。
（日本語クラス1人）

不満が残った理由は下記の通り。
- 議論の協働性：意見がまとまらない、他人の意見に納得できない。
（中国語クラス3人、日本語クラス3人）
- 課題の難易度：文脈を予測し、接続関係を想像するのが難しい。
（中国語クラス1人、日本語クラス4人）
- 文章の難易度：文章が難しい。
（中国語クラス1人、日本語クラス3人）
- 議論の表現力：日本語で議論できず、達成感がない。
（中国語クラス1人）

(4) 4回目は最も満足度が高い。
　　【高評価16人＋14人、低評価1人＋2人】

満足度が高い理由は下記の通り。
- 議論の協働性：グループ・メンバーと仲良く話せた。
  （中国語クラス12人、日本語クラス5人）
- 課題の充実感：図を書くという団体作業に達成感を感じた。
  （中国語クラス10人、日本語クラス6人）
- 文章の有用度：人称について詳しく勉強できた。
  （中国語クラス2人、日本語クラス6人）
- ピアへの習熟度：ピアという授業形式とディスカッションに慣れてきた。
  （中国語クラス5人、日本語クラス2人）
- 文章の難易度：文章がわかりやすい。
  （中国語クラス2人、日本語クラス3人）
- ピアへの気づき：オープンクエスチョンなので、唯一の正解がなく意見に多様性がある。
  （中国語クラス3人、日本語クラス2人）
- 課題の難易度：課題が難しくないので議論しやすい。
  （中国語クラス1人、日本語クラス1人）
- 議論の表現力：日本語で言えないことが中国語で伝えられた。
  （中国語クラス1人）

不満が残った理由は下記の通り。
- 議論の表現力：中国語で議論したことに不満が残る。
  （中国語クラス1人）
- 議論の協働性：グループ・ディスカッションがじっくり展開されず、急いで議論を終わらせたことに不満が残る。
  （日本語クラス1人）

- 文章の難易度：テキストの内容が難しくてわかりにくい。

（日本語クラス1人）

5 考察と提言

今回は中級学習者を対象に4回のピア・リーディング授業を実践してみた結果、以下の点で考えさせられた。

第一に、3.5で記述したように、二つのクラスの使用言語では、目標言語である日本語主体と、母語である中国語主体という異なる指示を出したが、日本語で話すことを積極的に奨励していたクラスでは、中国語で議論を始める傾向が強く、日本語の表現力という制限をあまり感じていないようである。一方、中国語で話すことを認めていたクラスでは、かえって日本語で表現する意欲が高い。また、授業の進行につれて、低評価から高評価に徐々に変わっていく様子が観察された。ここから、ディスカッションを行うための工夫として、母語の使用を認め、徐々に日本語の使用を動機づけるという方向性を確認することができた。

第二に、文章が難しいこと、課題が難しいことが低評価につながりやすいことが明らかになった。難しい表現が頻出する文章を読ませる場合、文章に対する理解が足りず、課題を遂行する段階で学習者が頭を抱えることになる。また、文章が難しくない場合にも、課題が難しい場合、課題をどのように考えてよいかわからず、課題に対する自分の意見が持てなくなる。こうした状態で授業に臨んでも、グループ・ディスカッションに入っていくことが難しい。その結果、意見交換も十分できないように思われる。事後の個人インタビューから、「2回目の課題が難しすぎて、ディスカッションに沈黙が多かった」、「3回目のテキストも難しいし、そもそも知っている接続詞も少ないし、自分の解

答に自信が持てず、ディスカッションがうまくいかなかった」というような意見も聞こえた。教師は中級学習者を対象にしたピア・リーディング授業を考える場合、文章の難しさや課題の難しさに特に留意して準備する必要がある。

　第三に、ピアという形態の授業に習熟していない段階では、グループ・ディスカッションになじむことができず、低評価になりやすい。しかし、授業の回数を重ねるにつれて、次第に習熟度が高まってくるので、高評価につながっていく。従って、ピアという授業形態を採用する以上は、何度かそのスタイルを繰り返して学習者に習熟させると同時に、慣れてくることで教育の効果が高まることを事前に学習者に周知しておく必要があろう。今回実践授業の事後に行った個人インタビューから、「ほかのグループの解答も知りたい」、「グループ間の交流もあったらよい」といった意見が出てきたのも、学習者が自分以外の解答に興味を持つようになり、ピア・リーディングへの習熟度が高まった証左であろう。

　第四に、議論の協働性は授業ごとに常に変わるものである。当該回のグループ・メンバーとの話し合いがうまくいったかどうかなどの要因で、低評価にも高評価にもつながるが、ピアという授業形態への習熟度と同じように、授業の回数を重ねるにつれて、協働性が次第に高まる傾向が見られた。教師としては、慣れるにつれて協働性が高まることもまた、学習者に伝えておくことが重要になろう。しかし、事後インタビューから聞き取れた意見として、「ずっと同じような形だと、グループの中のいつも積極的な1人か2人だけが動いてしまうことになるかもしれない」という声もあった。少人数のクラスの場合、授業の回数を重ねるにつれて協働性が高まると同時に、グループ・メンバーへの依存度も高まる可能性があるので、教師がその点を留意し、ビジターを招いたり、違うクラスの学生を交えて、

一緒に話し合ってもらったりして、常にクラスに刺激を与えるようなデザインを考えることが望ましい。

　第五に、文章の内容が役に立つと感じられる場合、および課題遂行に充実感を覚えられる場合、高評価につながりやすい。文章の内容が自分の日本語学習のためになると感じられる場合、しっかり読もうという意欲も生まれるし、普段の授業内容を補うことにもなるので、歓迎される。また、課題が適度に難しく、課題を遂行した結果を楽しく議論できる場合、達成感が高まる。特に、海外の学習者の場合、内容が日本語学習の役に立つと感じられることが学習のモチベーションにつながることを教師は知っておく必要がある。今回の実践授業の4回目が特にこうした高評価が多かった。

　第六に、ピアという活動の意義への気づきは、授業の初期には出てこない。授業の回数を重ね、ピアという活動になじむにつれて、学習者はピア活動の意義に気づくようになる。そして、その意義に気づくことができれば、授業に対する高評価につながりやすい。また、自分がピアという活動を通して行っていることを振り返らせる意味で、授業アンケートは効果があるので、授業評価はそうした観点からも用いられる必要があろう。事後インタビューの中で、学習者から「ディスカッション後のまとめと内省が重要であることに気づいた」、「正解は一つではないということに気づいた」、「反論されて、グループ・メンバーに説得されたら、なぜか嬉しかった」、「3回目の授業で、グループ・メンバーと議論したとき、自分が持ってきた解答以外の新しい解答を考えてみた」、「自分で解答を考えたときは迷ったが、ディスカッションを通して自分の考えが整理できた」という声を何人かから聞くことができたのは、ピア・リーディングの成果の現れと言える。

6 まとめ

　本章で述べてきたことを、冒頭のリサーチ・クエスチョンに沿ってまとめておく。

- RQ1：同じ国の学習者から構成される海外のJFL環境の教室、また、日本語の会話に慣れていない中級学習者のクラスで同種の授業を行った場合、学習者はどのような評価を行うのか。

　文章の難しさ、課題の難しさが低評価につながりやすい。一方、日本語で議論できる言語運用力、文章の内容が学習に役立つこと、課題に取り組んだときの充実感、ピア活動の意義への気づきが高評価につながりやすい。また、ピアに慣れるまでは議論の協働性が低く、低評価につながりやすいが、ピアに慣れ、協働的な議論ができるようになると高評価に転換していく。

- RQ2：そうした学習者の評価を踏まえ、こうした条件下で教師はどのような準備や工夫が可能なのか。

　まず、学習者のレベルに応じた文章と課題の難易度を考慮し、学習者が課題を遂行して自分の意見を持てるようなテキストと課題を準備することが肝要である。
　また、日本語学習という面で言うと、ピアの議論自体は母語でさせて問題ないが、できるところから日本語で話すことが可能な準備をしておくと、学習者の評価は高まる。本授業では、「自己の読み方をわかりやすく説明する」→「他者に読み方を尋ねて理解を深める」→「他者の意見に適切に対応する」→「全員の意見をバランスよくまとめる」のようにステップを踏んでディスカッションの文型を

教えておいたため、ピアという授業形態に慣れるにつれ、徐々に日本語で議論ができていたように見受けられた。

また、文章の内容にも課題にも日本語学習につながる仕掛けをしておくと、学習者のモチベーションも高まり、議論も深まる。そのために、内容をよく理解するためのアイス・ブレイキングの時間を最初に設けておくことも、議論を活性化させることにつながることが期待できる。

さらに、ピア・リーディングという授業の意義は、対話を通した学習者の読みの深まりと広がりにあるので、学習者が正解の追及から解放され、多様な考え方に耳を傾けようという姿勢に転換できることが望ましい。その意味で、協働学習としてのピア・リーディングの意味を繰り返し学習者に伝えるとともに、回数を重ねる中で協働性を高め、ピア活動の意義への気づきを促すことが、ピア・リーディング授業の成否の鍵を握っていると言えるだろう。

参考文献

石黒圭（2016）「教師は何もしなくていい─学習者が主体的に学べる環境作り」五味政信・石黒圭編『心ときめくオキテ破りの日本語教授法』pp.173-187. くろしお出版

舘岡洋子（1999）「テキスト・読み手・外部リソースの相互作用─優れた読み手と未熟な読み手の比較」『アメリカ・カナダ大学連合日本研究センター紀要』22, pp.1-24.

舘岡洋子（2000）「読解過程における学習者間の相互作用─ピア・リーディングの可能性をめぐって」『アメリカ・カナダ大学連合日本研究センター紀要』23, pp.25-50.

舘岡洋子（2003）「読解授業における協働的学習」『東海大学紀要─留学生教育センター』23, pp.67-83.

舘岡洋子（2005）『ひとりで読むことからピア・リーディングへ─日本語学習者の読解過程と対話的協働学習』東海大学出版会

舘岡洋子（2007）「ピア・リーディング」池田玲子・舘岡洋子編『ピア・ラーニング入門─創造的な学びのデザインのために』（第5章）pp.111-146. ひつじ書房

広瀬和佳子・舘岡洋子・池田玲子・朱桂栄（2016）「協働の学びを捉え直す」『2016年日本語教育国際研究大会（Bali-ICJLE）』http://bali-icjle2016.com/wp-content/uploads/gravity_forms/2-

ec131d5d14e56b102d22ba31c4c20b9c/2016/08/Wakako-Hirose_
collaborative-learning.pdf?TB_iframe=true

第10章 ピア・リーディング授業の考え方
ピア・ラーニングにおける対話とは何か

石黒 圭

ピア・リーディングという教育法の根幹をなすのは対話ですが、これまで対話というものが十分には検討されてこなかったように思います。ピア・リーディングの対話で大切なことは何でしょうか。本章では、「心理的安全性」をキーワードに、どうすれば実りのある対話になるか、その方法を考えます。

1 はじめに

　ピア・ラーニングは、他者との対話を基本とする学習法であり、他者との対話というものが何よりも重要な意味を持つ。最終章となる本章では、ピア・リーディングにおける対話の意味を深く掘り下げることで、本書を閉じることにしたい。本章のリサーチ・クエスチョンは次のとおりである。

- RQ1：対話とは何であり、誰と対話するのか。
- RQ2：実りのある対話のために必要なものは何か。
- RQ3：対話による教育法の弱点とそれを補う方法は何か。

2 筆者との対話

　　　劇作家の平田オリザ氏は、会話と対話の違いを次のように定義している（平田2012: 95-96）。

　　「会話」＝価値観や生活習慣なども近い親しい者同士の
　　　　　　おしゃべり。
　　「対話」＝あまり親しくない人同士の価値観や情報の交
　　　　　　換。あるいは親しい者同士でも、価値観が異
　　　　　　なるときに起こるその摺りあわせなど。

　つまり、わかっている人どうしの楽しいおしゃべりである会話と、価値観の異なる人どうしの価値観のすりあわせである対話を区別しているわけである。
　本章も対話を価値観の異なる人どうしの価値観のすりあわせと考えることにする。対話を参加者一人ひとりの立場から捉えた場合、対話とは、他者との言葉の交流によって生まれる認識の更新と考えることができる。人は対話というすりあわせ作業によって他者の記憶を変え、また、他者に記憶を変えられる存在である。ピア・リーディングにおける対話とは、他者を見つめると同時に、他者をとおして自己を見つめ、他者の考えを取り入れることで自己を変革し、自己の認識をたえず更新していく営みである。
　では、この対話はいったい誰を相手に行われているのだろうか。冒頭の第1章の「2．分析対象の授業」で、本書の分析対象となった授業は、1回の授業が三つの対話によって構成されていることを述べた。

　①自己との対話（30分）：学習者一人ひとりが、与え
　　　られた課題に独力で取り組み、自分がどのような読み方
　　　をしているかを自覚する。

②他者との対話（30分）：学習者がそれぞれ3〜4名のグループに分かれ、対話をとおして互いの読み方を交換する過程で他者の読み方を意識する。
③全体との対話（30分）：最後の30分は、各グループの話し合いの内容をクラス全体で共有し、個々の読み方の相対性と多様性を学ぶ。

　しかし、ここには一つ、重要な対話の要素が抜けている。それは筆者との対話である。文章を読むこととは筆者との対話である。①自己との対話も、②他者との対話も、③全体との対話も、すべて筆者との対話に還元することができる。すなわち、筆者の書いた文章をめぐり、①黙読のなかで自己と対話し、②グループの話し合いのなかで他者と対話し、③全体での討論のなかで教師を含めた全員と対話することをとおし、じつは、この文章を書いた筆者とも対話をするのである。それによって、この文章に書かれている内容も、また、こうした文章を読むときの読み方も、それぞれ授業の参加者一人ひとりの頭のなかに新たな形を取って定着する。つまり、文章理解が筆者との対話であるとした場合、文章を媒介とした筆者との対話の仕方を教えてくれるのが、①自己との対話であり、②他者との対話であり、③全体との対話であるという構図になっているわけである。これがピア・リーディングの対話の特異性である。

3　「心理的安全性」

　私自身は、じつはピア・リーディング授業に参加するのが苦手である。対話のテーマを決められていて、まだ親しくなっていない人と議論をすることに苦手意識があるのである。いろいろなことに気を遣わなければならず、それだ

けで神経をすり減らしてしまいそうな気さえする。ピア・リーディング不安と呼んでもよいかもしれない。たとえば、こんなことがピア・リーディング不安の原因になる。

①どんなことをどんなふうに話してよいか、わからない。
②自分が話すことが見当違いで、相手に低く評価されるのが怖い。
③自分の意見を相手に否定されたときの対応の仕方がわからない。
④相手の意見を評価しても、なかなか素直に受け取ってもらえない。
⑤取るに足りない相手の意見に同調している自分が悲しい。
⑥自分と異なる相手の意見を強く否定して気まずくなりたくない。
⑦仲のよい人だけで盛りあがるなか、作り笑いをする自分が孤独だ。
⑧特定の人の独演会になってしまい、自分の存在意義が感じられない。
⑨誰からも意見が出ないなか自分だけが話しつづけるのはピエロだ。

①〜③は自己の振る舞い方の問題、④〜⑥は他者との関係の問題、⑦〜⑨はグループの発言者のバランスの問題である。人の意識には、ふと、自分を見ているもう一人の自分が現れる瞬間がある。そのもう一人の自分から見える自分の姿がみじめに見えるとき、人は居心地の悪さを感じるものである。

しかし、そうした居心地の悪さから参加者を解放してくれるグループがある。それは「心理的安全性 (Psychological safety)」を備えたグループである。従業員は一人よりもチームで仕事をしたほうが高い成果を上げると考えるGoogle社が、「全体は部分の総和に勝る (The whole is greater than the sum of its parts.)」というアリストテレスの言葉を引用しつつ、「プロジェクト・アリストテレス (Project Aristotle)」というものを始めた。このプロジェクト・アリストテレスにおいて、「Google社でチームの生産性を高めているものは何か（What makes a team effective at Google?)」を突きつめていったのである。

　このプロジェクトが明らかにしたことは、チームが高い成果を上げるのに重要なのは、そのチームに誰がいるかではなく、チームが共同で仕事をしているかどうかであった。つまり、チームワークが生産性向上のカギとなっていたのである。そして、チームワークを発揮するために何が重要か、重要度に並べると、「心理的安全性 (Psychological safety)」「信頼感 (Dependability)」「役割・計画・目標の透明性 (Structure and clarity)」「働く意味 (Meaning)」「インパクト (Impact)」の五つが並ぶという (The Google re:Work team)。

　なかでも最も重要だとされる「心理的安全性」にここでは焦点を当てたい。「心理的安全性」とは、「そんなことも知らないの？ (ignorant)」「使えないヤツだなあ… (incompetent)」「それって後ろ向きじゃない？ (negative)」「少しは空気読めよ！ (disruptive)」と思われかねないマイナスなことを口にできるチームの雰囲気のことである。この「心理的安全性」を持つチームは、「誰かがミスを認めたり質問をしたり新しいアイデアを口にしたりすることを、他の誰かが恥ずかしいと思わせたりとがめたりすることはないとメンバーは確信し (They feel confident that no one on the team will embarrass or punish anyone else for admitting a mistake, asking a question, or offering a new idea.)」、安心し

て自由に発言できるとされる。

　河合薫氏の大胆な要約（河合2018）では、

> 要するに、ものすごく平たく言えば「失敗を素直に言えるチーム」。
> 「こんなことを言ったら上司に叱られるのではないか？」
> 「こんな意見では同僚からバカにされるんじゃないか？」
> 「もっと立派なことを言わなきゃいけないんじゃないか？」
> そういった不安をチームメンバーが抱かない空気があるチームだ。

と考えられるという。

　先ほど私が挙げた①から⑨の九つのピア・リーディング不安は、明らかに私が「心理的安全性」を持っていないことに由来するものである。逆に言うと、グループ・ディスカッションでよい成果を上げるためには、グループのメンバーが「心理的安全性」を持てるようなよい雰囲気作りをすることが、ファシリテーターとしての教師に第一に求められている仕事であると言えるだろう。

4 ピア・リーディングの長所と短所

4.1 専門的な知識を補う

　人間の性格の長所はそのまま短所となり、短所はそのまま長所となる。ピア・リーディングにおいても同じである。ピア・リーディングの長所でもあり短所でもある点は、対等な立場にある学習者どうしが、あるテーマをめぐって自由に対話をすることに起因する。

学習者どうしによる対話は、対等な横の関係によって行われる。教師という権威者がいないため、気兼ねなく自由な意見の交換ができる。ときにはウソや誇張も混じるかもしれないが、それも含めて創造性だと考えれば、かならずしも悪いものではない。

　しかし、教師が不在であるということは、専門家からの適切な知識の提供がなく、不可知論に陥るおそれがあるということも考慮に入れざるをえない。「第7章 教師の介入」において、「ファシリテーター」としての介入はさほど望まれなかったものの、「専門家」としての介入が行われなかったことに学習者は不満を持っていたことからもわかるように、日本語の表現面においても、議論の内容面においても、専門性の高い教員が議論のプロセスやフィードバックの段階で学習者の疑問にきちんと答えておくことが、ピア・リーディングの短所をカバーするという面で重要であることがわかる。

　また、ピアでは断片的な知識は得られても、体系的な知識は得にくい。とくに、アカデミックな文章を読むことを目的とした授業では、読み方だけでなく、文章に書かれている知識を学ぶことも重要になる。したがって、ピアの事前・事後活動として読書・調査活動を組みこんだり、知識の定着を図る反転授業をピア・リーディングと併用したりすることも検討されてよいだろう。

4.2　議論の隘路から抜けだす

　ピア・リーディングの長所は、シナリオのない自由な議論である。教師主導型の授業と異なり、自分の感じた疑問や考えた意見を自由なタイミングで言うことが許され、それによって議論の新たな流れが生まれるのがピア・リーディングの醍醐味であり、意見の交流が活発に行われているときは、そのよさが十全に発揮されていると見ることがで

きる。

　一方、議論が停滞してしまったときは、しばしばつらい状況になる。教師がその場にいれば、議論の引きだし役になることができるが、対等な立場にある学習者どうしだと、そうした袋小路から抜けだす手がかりがつかみにくい。「第6章　司会役の役割」において述べられているように、誰かが司会役になったり、それでも停滞するときは、別の誰かが準司会役を引き受ける必要が出てくるだろう。

　反対に、議論が錯綜してしまったときも隘路にはまりがちである。そうしたときは、司会役にある人が「第4章『深く・正確に読む』段階の話し合い」で示された「確認」や「整理」といった発話機能を活用し、そこから抜けだすきっかけを作る必要があろう。

4.3　参加者のバランスを取る

　ピア・リーディングは、一つの文章をめぐり、みんなで考える活動である。一人で考えても思考が深まらず、広がらない。グループで対話を行い、他者の考えに触れることで、思考が深まり、広がり、結ばれ、その結果、創造的な考えが生まれたり、それまでにない全体像が構築されたりする。

　また、目の前に自分の話を真剣に聞いてくれる人がいることがピア・リーディングの魅力である。人は何かをしようとするとき、孤独な作業では気持ちがなかなか向かないものである。しかし、話し相手がいると、気乗りのしない作業でも、話しているうちに、次第にのめりこんでいくことがある。対話の場が与えられていることが、ピア・リーディングの長所である。

　しかし、話し相手がいることで生まれてくる熱量は、話し相手がいることで減じられることもある。グループのメンバーにはいろいろな人が入りこむことがある。一人で話

しつづける「支配者」、異を唱えない「追従者」、リスクを取らない反論をする「評論家」、意味のない質問や発展性のない意見を述べる「無益者」、歩み寄らずに自説を繰り返す「頑固者」、実現可能性がないそもそも論を口にする「夢想家」、他者に任せて話し合いに参加しない「傍観者」などである。ピアは参加者のバランスによって成り立つ活動である。グループ編成によって思わぬ成果が生まれたり、反対に思わぬ沈滞を招いたりすることもある。「第3章 グループの編成」を参考に、グループ内で適切な化学反応が起きるような仕掛けを工夫する必要があるだろう。

5 対象となった授業の反省点

5.1 意図を明確にする

　今回、授業の担当教師として反省すべき点はいくつもある。そうした反省点は各章の分析のなかに描かれている。たとえば、長すぎる文章、複雑な課題、不適切なグループ編成などがときどき現れ、学習者の学習意欲を損ねたこともあった。また、グループ・ディスカッションの談話の指導が不十分だった点や、専門的な見地からの教師の介入がなかった点、学習者のモチベーションを喚起する回数が少なかった点なども反省材料である。さらに、本書と同じデータを分析した霍（2015a）で明らかにされているような、授業期間中の学習者の意識の変容過程が事前にわかっていれば、受講を途中であきらめてしまった1名の学習者への適切な声かけができたかもしれない点が悔やまれる。しかし、そうしたなかでも、根本的な問題だったと思われるのが「意図を十分に明確にできなかった点」「一つの意見につねにまとめさせた点」「ピア・ラーニングの盲点を見落としていた点」の三つである。これらを順に検討したい。

　まず、「意図を十分に明確にできなかった点」について

述べる。ピア・リーディングをする場合、なぜこうした活動をするのか、この活動をすることによってどのような力が身につくのかを説明することは必須であり、最初のオリエンテーションの時間で詳しく説明し、最初の数回は話し合う意義についても確認を行った。しかし、回を重ねるにつれて学習者が慣れてきたこともあり、そうした説明がおろそかになっていったことは否めない。くどいと思って説明を控えていたつもりだったが、週に1回の授業でもあり、むしろくどいぐらいに説明したほうが、学習のモチベーションも上がったように思われる。

　また、毎回の授業で出す課題には明確な意図があったが、すべて明かしてしまうとタネ明かしにもなるし、学習者に考えてほしい部分もあったので、それも控えめにした。しかし、それも踏みこんで説明したほうが、課題に取り組むさいに、より取り組みやすいと感じていた学習者もいたようである。また、それぞれの課題は、前半7回の「深く・正確に読む」か、後半7回の「批判的・創造的に読む」で明確な位置を占めており、その点についてもオリエンテーションで説明してはあったが、おりに触れ、こうした授業全体のスケジュールとも連動させて注意を喚起するほうが望ましいだろう。

5.2　一つの意見にまとめない

　次に、「一つの意見につねにまとめさせた点」について述べる。今回、グループ・ディスカッションでは合意形成を行い、グループとして一つの意見にまとめるというスタイルを取った。グループとして一つの意見にまとめる過程でそれぞれの意見の相違点が明確になり、どちらの意見を選ぶのか、あるいは両者を組み合わせて別の意見にするかという選択のなかで互いの読み方とその根拠を示しあうことができると考えたからである。

そのもくろみは一定の成果を収めたと思われるが、一方で多数派に意見を押しつけられて息苦しい思いをしていた学習者がいたことも事実である（霍2015b）。その学習者はよく質問に来る学習者で、教師として熱心だと感じていたが、実際は、自分の意見がグループのなかで受け入れられなかったとき、納得がいかないので、教師のところで自分の意見の当否を確認しに来ていたのだと後のインタビューで知った。合意形成を無理に行うと、個の意見の芽が摘まれてしまうという弊害もあるわけである。

　桑野（2008）によれば、バフチンに見られる対話の概念には、「ともに声をだすこと＝協働」と「さまざまな声があること＝対立」の二面性があり、共通性と相違性というこの二面性の接触によって参加者は互いの見解を更新し、そこに新たな創造が生まれるという。つまり、参加者の見解が完全な一致を見ることがない以上、対話は終わることがなく、人の思索も終わることがないと考えられる。そのことは、バフチン（1988: 343）の次の言葉に象徴的に示されている。

　　　言葉には始めも終わりもないし、対話のコンテキストは果てしがない……過ぎ去った、つまり過去の時代の対話から生まれた意味というのも、決して完結し固定したものではない。それらはつねに来るべき未来の対話の展開のなかで変わっていく……絶対的な死というものはない。意味というものにはそれぞれ、その誕生の祝祭がある。

　対話にも思索にも原理的には終わりがない。にもかかわらず、合意形成というゴールを立ててしまうと、せっかくの対話をだいなしにしてしまう危険性がある。一つの意見にまとめるというスタイルを取るにしても、多数者の意見

に与しなかった少数者の意見もまた、教室全体の貴重な財産として全体のフィードバックに反映させられるはずであった点が、惜しまれる。

5.3 盲点を意識する

　最後に、「ピア・ラーニングの盲点を見落としていた点」について述べる。霍（2017）で示されているように、私はある学習者の印象を低く持ったまま授業を終えてしまった。その学習者は前の学期も私の授業を履修しており、そこでは遅刻と母語による私語が目立っていた。本対象授業でもやはり遅刻が何度か見られたため、そうした印象は上方修正されることがなかった。

　しかし、当該学習者のインタビューを確認し、残された課題シートやコメントシートなどを目にし、さらに録音されていた対話を耳にした結果、彼女が授業で十分に努力していることが窺えた。また、遅刻が多かったのは、彼女が朝に弱かったためであり、母語による私語が多かったのは日本語学習歴が浅く、友人に内容理解の確認をしていたらしいことがわかってきた。

　これは、もちろん授業担当者である私にも責任の一端はあろうし、彼女自身にも責任がまったくないわけではないかもしれない。だが、最も大きい原因は、ピア・ラーニングという教育法が抱えている内在的な弱点にあったと考えてよいだろう。ピア・ラーニングは学習者の主体性を尊重し、学習者どうしの活動に教師が入ることをできるだけ控えるため、どうしても教師は学習者一人ひとりの言動を確認しにくくなるのである。とくに人数が多いクラスの場合、学習者の一人ひとりにまで目が行き届かなくなることが多い。こうした現象を霍（2017）は「ピア・ラーニングの盲点」と呼び、その問題点をあぶりだしてみせている。

　したがって、ピア・ラーニングを担当する教師は、そう

した教師からの死角が存在することを意識し、学習者一人ひとりの様子を気遣い、学習者が提出した課題シートやコメントシートの質を確認し、手当てが必要だと感じられる学習者にたいしては、授業後やオフィス・アワーなどを活用して、可能なかぎり学習者との1対1のコミュニケーションを取る時間を確保する心がけが肝要になる。

6 まとめ

　最後に、冒頭で掲げたリサーチ・クエスチョンにたいする解答を示しておく。

・RQ1：対話とは何であり、誰と対話するのか。

　対話とは、他者との言葉の交流によって生まれる認識の更新である。また、ピア・リーディングにおける対話では、筆者の書いた文章をめぐり、一人で読むときに自己と対話し、グループで読むときに他者と対話し、全体で読むときに教師を含めた全員と対話することで、当該の文章を書いた筆者とも対話する。

・RQ2：実りのある対話のために必要なものは何か。

　実りのある対話のために必要な第一のものは、「心理的安全性」、すなわち、マイナスなことも含めて何でも率直に話すことができるグループの雰囲気である。

・RQ3：対話による教育法の弱点とそれを補う方法は何か。

　対話において教師が不在であるということは、専門家か

らの適切な知識の提供がなく、不可知論に陥るおそれがあるため、「専門家」としての教師の適度な介入は考えられてよい。また、対話において議論が停滞・錯綜してしまったときの司会役を育てる教育も重要になる。さらに、対話におけるグループ内のバランスを考えたグループ編成も考慮する必要がある。

　一方、健全な対話を育むためには、話し合いの意図を明確にし、それを繰り返し学習者に伝えておくことが必要なる。また、一つの意見にまとめるということは対話の閉塞という弊害につながるおそれもあるため、少数者の意見を保障する機会を設けることも大切な心がけである。さらに、グループ・ディスカッションにおける学習者個人の行動は教師の目から盲点になるので、学習者一人ひとりへの心配りを忘れず、気になる学習者には個別に面談をする機会を設けるなどの工夫が必要になる。

　ここまでお読みいただいた読者はおわかりのとおり、ピア・リーディングをはじめとするピア・ラーニングという協働学習は、万能の教育法ではない。数ある教育法と同じように、長所もあれば短所もある。その長所をうまく引きだせれば、教師主導型の授業にはない主体性・創造性を発揮できるし、その長所をうまく引きだせなければ、学習者を失望させることにもなる。

　ピア・ラーニングは対話を重視する教育法でありながら、これまで対話自体が十分には研究されてこなかった。その意味で、学習者のグループ・ディスカッションと、学習者のインタビューを徹底的に分析した本書は、これまで明らかにされてこなかった諸点をあぶりだすことができたと考える。

　また、ある教育法を研究する場合、その教育法の有効性を明らかにすることに重点が置かれる傾向がある。ピア・

ラーニングの実践もその例外ではなく、その結果、教師はある教育法に過大な期待を持ち、その期待が実現しなかったことで過剰に失望してきたきらいがあるように思われる。

　しかし、これからの実践研究に必要なのは、成功の記述ではなく、失敗の記述である。うまくいったことから人が学ぶことは少ない。むしろ、うまくいかなかったという事実を謙虚に認め、なぜうまくいかなかったのかを考えることで授業改善は進んでいくと思われる。その意味で、本授業実践における私自身の失敗を、ぜひ他山の石とし、ご自身のピア・リーディングの授業実践をよりよいものにしていっていただくことを、読者の方々には期待したい。それが、私の授業をつうじて迷惑をかけてしまった学習者にたいする何よりのお詫びとなると思うのである。

参考文献

霍沁宇（2015a）「『三つの対話』を用いた読解授業における日本語上級学習者の読み方の意識変容プロセス」『日本語教育』162, pp.97–112.

霍沁宇（2015b）「『三つの対話』を用いた読解授業における日本語上級学習者の読み方の意識変容プロセス—2名の非漢字圏上級学習者を中心に」『一橋日本語教育研究』4, pp.147–156.

霍沁宇（2017）「『三つの対話』を用いた読解授業に関する一考察—ある学習者の事例から見えるピア・ラーニングの盲点」『一橋大学国際教育センター紀要』8, pp.41–55.

河合薫（2018）「1＋1が3にも4にもなる『魔法の空気』の作り方」（http://business.nikkeibp.co.jp/atcl/opinion/15/200475/010500138/?P=3 2018.1.10取得）

桑野隆（2008）「『ともに』『さまざまな』声をだす—対話的能動性と距離」日本質的心理学会編『質的心理学研究（特集　バフチンの対話理論と質的研究）』7, pp.6–20.　新曜社

バフチン，ミハエル（1988）『ことば　対話　テキスト（ミハイル・バフチン著作集 8)』（新谷敬三郎・佐々木寛・伊東一郎訳）新時代社

平田オリザ（2012）『わかりあえないことから—コミュニケーション能力とは何か』講談社

The Google re:Work team (2015). Guide: Understand team effectiveness.(https://rework.withgoogle.com/print/guides/5721312655835136/2018.1.10取得)

あ	I-R-F型……138
	アイス・ブレイキング……11, 199, 231
	アクティブ・ラーニング……1
	安心感……64, 73
い	異文化間教育……56
	異文化理解……56
	イマージョン・アプローチ……102
	インタビュー……182
	インフュージョン・アプローチ……102
え	エンカウンター・グループ……53
お	応答……138
か	解決……112, 121, 124
	開始……138
	解釈……116, 118, 120, 122, 124
	解答形式……26, 40, 45, 47
	解答内容……26, 28, 45
	介入……151–153, 173, 174
	会話……234
	学習者の評価……164, 168, 175, 180, 181, 184, 195, 198, 201, 202
	確認……96, 240
	陰になる人……68, 73
	課題形式……94
	課題シート……17, 19, 26, 28, 33, 40, 45
	課題の設定……8, 15, 121, 125
	課題の難易度……227, 230
	観察表……171
き	基本的文字化の原則……7, 80, 107, 131
	客観視……61
	狭義批判的思考……102, 110, 116, 118, 122
	教師の介入……10, 151, 153, 173, 174, 181
	教師のビリーフ……161, 163, 174
	協働……243
	協同学習……16, 174
	共有……112, 114, 121, 124
く	グループ学習……50, 52
	グループ・ディスカッション……77, 83
	グループの編成……182
	グループ・ファシリテーター……129
	グループ編成……8, 10, 49, 51, 66, 69, 73, 171, 195, 198, 202, 241, 246
	グループ・リーディング……20

	グループ分け……51
こ	合意形成……9
	合意形成プロセス……78, 83, 85, 89, 95
	肯定……96, 195
	混成クラス……141
し	JSL環境……11
	JFL環境……11
	ジェネラル・アプローチ……102
	司会者……145
	司会役……9, 125, 127, 130, 131, 200, 240, 246
	司会役の存在……10, 134, 137
	司会役の不在……132
	司会役の弊害……10, 137
	ジグソー学習法……54
	ジグソー・リーディング……20
	自己開示……60
	自己統制……102, 115
	自己との対話……5, 12, 121, 234
	自己変容……60, 73
	質的な介入……152, 154, 174, 181
	失敗……247
	自由記述式の課題……89, 94, 95
	授業改善……179
	授業評価……10, 179
	受講生一覧……6
	主体的な学び……1, 10
	上級学習者……11
	深化……112, 114, 121, 124
	親密度……196
	心理的安全性……12, 236, 245
す	推論……106, 116, 118, 120, 122, 124
せ	整理……86, 94, 95, 96, 240
	説明……116, 118, 122, 124
	全体との対話……5, 12, 121, 154, 159, 161, 235
	専門家……10, 161, 167, 168, 172, 175, 239, 246
そ	相互理解……8, 49, 51, 56, 58, 68, 73
	創造……105
	創造的活動……4
	創造的思考……99, 120
	速読……45
た	第二波……101
	対立……243

	対話……12, 102, 121, 124, 125, 172, 233, 234, 243, 245, 246
	多肢選択的な課題……85, 94, 95
	他者との対話……5, 12, 121, 154, 156, 158, 182, 235
ち	中級学習者……11
つ	強い司会役……200
て	提案……195
	ディスカッションの沈滞……132
	テキスト……16–18, 20, 24, 43, 44, 46
	テキストの選定……8, 15
	テキストの内容……43
	テキストの長さ……24, 44, 46
	テキストの難易度……20, 44, 46, 227, 230
	伝達機能……82
と	読解課題……16
	読解教材……16
	読解対象……16, 18
	トップダウン……4
な	内容……43
	内容機能……81
	長さ……24, 44, 46
	生教材……20
	難易度……20, 44, 46
に	認知技能……106, 108, 116, 118, 120, 121, 124, 125
は	発話機能……9, 194
	発話機能ラベル……81
	発話連鎖……144
	反省的思考……101
	反転授業……239
ひ	ピアフィードバック……53
	ピア・ラーニング……1, 12, 53
	ピア・ラーニングの盲点……244, 246
	ピア・リーディング……3, 128
	ピア・リーディング不安……236
	ピア・リスニング……181
	ピア・レスポンス……3, 53
	筆者との対話……12, 235
	否定……89, 94–96, 195
	BTSJ……7, 80, 107, 131
	批判……105
	批判的思考……9, 99, 100, 102, 104, 120, 121, 124
	批判的思考の育成……102, 120, 125

	批判的思考の活性化……108, 110, 115
	批判的・創造的に読む……3, 9, 99
	評価……106, 116, 118, 120, 122, 124
	表明……96, 194
	ビリーフ……62, 152, 161, 163, 174
ふ	ファシリテーター……10, 128–130, 153, 154, 161, 164, 166, 168, 170, 174, 175, 239
	ファシリテート……122, 125
	フィードバック……152, 164, 168, 174
	深く・正確に読む……3, 9, 77
	プロジェクトワーク……53
	プロセス……146
	プロダクト……146
	文型……230
	分析……116, 118, 120, 122, 124
ほ	ボトムアップ……4
み	ミックス・アプローチ……102
め	メタ認知……9
	メタ批判的思考……102, 110, 115, 116
も	盲点……244, 246
	問題検討結果……108, 110–112, 114
	問題提起……108, 110–112, 114
よ	要求……96
り	留保……112, 114
る	ルーブリック……171
ろ	論理主義……101
	論理的思考……99, 101, 120
わ	ワークシート……16
	ワールドカフェ……174
	話段……80, 107

［編者］

石黒圭　いしぐろ・けい　　　　　　　　　　　1章、6章、10章担当

大阪府高槻市生まれ、神奈川県横浜市出身。早稲田大学大学院文学研究科日本語日本文化専攻博士後期課程修了。「日本語の文章理解過程における予測の型と機能」で早稲田大学博士（文学）学位取得。国立国語研究所日本語教育研究領域代表・教授、一橋大学大学院言語社会研究科連携教授。研究分野は文章論・読解研究・作文研究など。主要著書に『文章は接続詞で決まる』、『「読む」技術―速読・精読・味読の力をつける』、『この1冊できちんと書ける―論文・レポートの基本』、『日本語は「空気」が決める―社会言語学入門』などがある。

[執筆者]（五十音順）

胡方方　こ・ほうほう　　　　　　　　4章、6章、9章担当／編集協力

中国河南省洛陽市出身。一橋大学大学院言語社会研究科博士後期課程在学。修士（文学）。国立国語研究所日本語教育研究領域プロジェクト非常勤研究員。研究テーマはピア・リーディング、教室談話。主要論文に「日本語学習者のグループ・ディスカッションに見られる合意形成のプロセス―ピア・リーディングの談話データをもとに」、「ピア・リーディング授業のグループ・ディスカッションにおける司会役の存在と役割」などがある。

志賀玲子　しが・れいこ　　　　　　　　　　　　　　3章担当

愛知県名古屋市出身。一橋大学大学院言語社会研究科修士課程修了。修士（学術）。一橋大学大学院経営管理研究科非常勤講師。研究テーマは、日本語教育、異文化間教育、教室活動など。主要著書・論文に『日本語教師のための実践・作文指導』、「日本語教育における新たな役割としての協働学習の提案―教室環境作りの試みを通して」、「協働学習の可能性―異文化間教育の視点より」などがある。

田中啓行　たなか・ひろゆき　　　　　　　　　　　2章担当

東京都練馬区出身。早稲田大学大学院日本語教育研究科単位取得退学。修士（文学）。国立国語研究所日本語教育研究領域プロジェクト非常勤研究員。研究テーマは、講義理解・ノートテイキング・聴覚障害者への情報保障など。主要論文に「学術的文章のピア・リーディングにおける読解課題の設計に関する一考察―課題の形式に対する学習者の評価から」、「講義の『談話型』に基づく受講ノートの『文章型』の分析」などがある。

布施悠子　ふせ・ゆうこ　　　　　　　　　　　　　　　7章、8章担当

千葉県千葉市出身。一橋大学大学院言語社会研究科博士後期課程在学。修士（学術）。国立国語研究所日本語教育研究領域プロジェクト非常勤研究員。研究分野は、日本語教育、教師教育、教育心理学。主要論文に「母語話者日本語教師不安尺度の開発―新しい教材を教える場面に着目して」、「学術的文章の協働学習における教師の介入についての一考察―教師の談話データと学習者の情意面での評価との連関から」などがある。

楊秀娥　よう・しゅうが　　　　　　　　　　　　　　　　5章担当

中国湖北省麻城市出身。早稲田大学大学院日本語教育研究科で博士（日本語教育学）学位取得。中山大学外国語学院副研究員。研究分野は、日本語アカデミック・ライティング／リーディング教育、日本語教育における実践研究など。主要論文に「日本語専攻生の卒業論文作成に対する意味付けおよびその変容プロセス―中国の大学日本語専攻における実践事例に対する分析から」、「日本語学習者の引用使用の実態調査―中国国内における日本語専攻課程の学部生の卒業論文を対象に」などがある。

本調査にご協力くださった日本語学習者のみなさま、および関係各位に深く感謝申し上げます。本研究は、国立国語研究所機関拠点型基幹研究プロジェクト「日本語学習者のコミュニケーションの多角的解明」の成果です。

どうすれば協働学習がうまくいくか
失敗から学ぶピア・リーディング授業の科学

2018年6月9日　初版第1刷発行

編著者	石黒圭
著者	胡方方・志賀玲子・田中啓行・布施悠子・楊秀娥
発行者	吉峰晃一朗・田中哲哉
発行所	株式会社ココ出版
	〒162-0828　東京都新宿区袋町25-30-107
	電話　03-3269-5438　ファクス　03-3269-5438
装丁・組版設計	長田年伸
印刷・製本	モリモト印刷株式会社

定価はカバーに表示してあります
ISBN978-4-86676-005-6
© Kei Ishiguro 2018
Printed in Japan

ココ出版の書籍

日本語教育のための質的研究 入門
学習・教師・教室をいかに描くか
舘岡洋子編　2,400円＋税

日本語で社会とつながろう！
社会参加をめざす日本語教育の活動集
西俣（深井）美由紀・熊谷由理・佐藤慎司・此枝恵子著　2,400円＋税

日本語教育学研究 4
実践研究は何をめざすか
日本語教育における実践研究の意味と可能性
細川英雄・三代純平編　3,600円＋税

日本語教育学研究 6
未来を創ることばの教育をめざして
内容重視の批判的言語教育（Critical Content-Based Instruction）の理論と実践
佐藤慎司・高見智子・神吉宇一・熊谷由理 編　3,600円＋税

異文化コミュニケーション能力を問う
超文化コミュニケーション力をめざして
佐藤慎司・熊谷由理編　3,600円＋税